Wer kennt nicht die Worte aus dem Lukasevangelium, mit denen die Weihnachtsgeschichte eingeleitet wird. Die Bibel wählt nicht umsonst die Form der Erzählung. Von Hoffnungen eines solchen Ausmaßes, ihrer Erfüllung und ihrem Scheitern läßt sich nicht anders reden als in Geschichten. Was in der Bibel zum ersten Mal erzählt wurde, haben die Schriftsteller über die Jahrhunderte hindurch wieder und wieder erzählt, Weihnachtsgeschichten in stets neuen Brechungen.

Aus den erfolgreichen Weihnachtsbüchern im insel taschenbuch hat Gottfried Natalis die schönsten Erzählungen zur Weihnachtszeit ausgewählt.

insel taschenbuch 2352
Weihnachten, wie es war

Weihnachten wie es war

Alte Erzählungen und Bilder

Ausgewählt von Gottfried Natalis

Mit farbigen Abbildungen

Insel Verlag

insel taschenbuch 2352
Erste Auflage 1995
Originalausgabe

Quellenverzeichnis am Schluß des Bandes
Vertrieb durch den Suhrkamp Taschenbuch Verlag
Umschlag nach Entwürfen von Willy Fleckhaus
Satz und Druck: Wagner GmbH, Nördlingen
Printed in Germany

2 3 4 5 6 – 00 99 98 97 96

Inhalt

Goethe an Kestner

Frankfurt, 25. Dezember 1772

Christtag früh. Es ist noch Nacht lieber Kestner, ich binn aufgestanden um bey Lichte Morgens wieder zu schreiben, das mir angenehme Erinnerungen voriger Zeiten zurückruft; ich habe mir Coffee machen lassen den Festtag zu ehren und will euch schreiben bis es Tag ist. Der Türmer hat sein Lied schon geblasen ich wachte drüber auf. Gelobet seyst du Jesu Christ. Ich habe diese Zeit des Jahrs gar lieb, die Lieder die man singt; und die Kälte die eingefallen ist macht mich vollends vergnügt ... Der Türmer hat sich wieder zu mir gekehrt, der Nordwind bringt mir seine Melodie, als blies er vor meinem Fenster. Gestern lieber Kestner war ich mit einigen guten Jungens auf dem Lande, unsre Lustbarkeit war sehr laut, und Geschrey und Gelächter von Anfang zu Ende ... Ein schöner Abend, als wir zurückgingen, es ward Nacht. Nun muß ich dir sagen das ist immer eine Sympathie für meine Seele wenn die Sonne lang hinunter ist und die Nacht von Morgen herauf nach Nord und Süd um sich gegriffen hat und nur noch ein dämmernder Kreis vom Abend heraufleuchtet. Seht Kestner wo das Land flach ist ists das herrlichste Schauspiel, ich habe jünger und wärmer Stunden lang so ihr zugesehn hinab dämmern auf meinen

Wandrungen. Auf der Brücke hielt ich still. Die düstre Stadt zu beyden Seiten, der still leuchtende Horizont, der Widerschein im Fluß machte einen köstlichen Eindruck in meine Seele den ich mit beyden Armen umfaßte. Ich lief zu den Gerocks lies mir Bleistift geben und Papier, und zeichnete zu meiner großen Freude, das ganze Bild so dämmernd warm als es in meiner Seele stand. Sie hatten alle Freude mit mir darüber, empfanden alles was ich gemacht hatte und da war ichs erst gewiß, ich bot ihnen an drum zu würfeln, sie schlugens aus und wollen ich solls Mercken schicken. Nun hängts hier an meiner Wand, und freut mich heute wie gestern. Wir hatten einen schönen Abend zusammen wie Leute denen das Glück ein großes Geschenk gemacht hat und ich schlief ein, den Heiligen im Himmel dankend, daß sie uns Kinderfreude zum Christ bescheren wollen. Als ich über den Markt ging und die vielen Lichter und Spielsachen sah dacht ich an euch und meine Bubens wir ihr ihnen kommen würdet, diesen Augenblick ein Himmlischer Bote mit dem blauen Evangelio, und wie aufgerollt sie das Buch erbauen werde. Hätt ich bey euch seyn können ich hätte wollen so ein Fest Wachsstöcke illuminieren, daß es in den kleinen Köpfen ein Widerschein der Herrlichkeit des Himmels geglänzt hätte. Die Tohrschließer kommen vom Burgemeister, und rasseln mit Schlüsseln. Das erste Grau des Tags kommt mir über des Nachbaars

Haus und die Glocken läuten eine Christliche Gemeinde zusammen. Wohl ich bin erbaut hier oben auf meiner Stube, die ich lang nicht so lieb hatte als jetzt. Sie ist mit den glücklichsten Bildern ausgeziert die mir freundlichen guten Morgen sagen ...

Nun Adieu, es ist hell Licht. Gott sey bey euch, wie ich bey euch binn. Der Tag ist festlich angefangen ...

Die Legende vom vierten König

Wißt ihr auch, daß nicht drei, sondern vier Könige aus dem Morgenlande aufgebrochen waren, um den König der Menschen anzubeten?, so verzählt es eine alte russische Legende. Auf vier verschiedenen Wegen kamen sie gezogen, und jeder trug das Köstlichste seines Landes: leuchtendes Gold der eine, süßen Weihrauch der andere, herrliche Myrrhe der dritte, und der vierte und jüngste drei Edelsteine von unschätzbarem Wert.

Der geheimnisvolle Stern zog ihnen voran, und rastlos folgten sie ihm. Sie kannten nicht Tag noch Nacht, nicht Hunger und Durst. Blind waren sie für die Schönheit der Erde, taub für die lärmende Pracht der Städte. Die Wüste fürchteten sie nicht. Die Sonne selbst konnte ihnen nicht schaden, sie suchten ja ihn, nach dem ihr Volk seit tausend Jahren ausgeschaut hatte, den Gottkönig, den Erlöser.

In keinem brannte die Sehnsucht, Gott zu schauen, so wie in dem jungen König. Er ritt zuletzt ganz in seine Wunschträume versunken. Da – auf einmal vernahm er ein Schluchzen, so zwingend und bitterlich, daß er aus allen Träumen aufgerissen war. Im Staub sah er ein Kind liegen, nackt, aus fünf Wunden blutend. So seltsam fremd und zart war dies

Kind und ohne jede Hilfe, daß er es in heißem Erbarmen behutsam aufs Pferd hob. Langsam ritt er ins Dorf, durch das sie eben erst gekommen waren, zurück. Die drei anderen Könige indessen hatten nichts gemerkt. Sie zogen unentwegt dem Sterne nach.

Im Dorf kannte niemand das Kind. Der junge König aber hatte es so liebgewonnen, daß er es einer guten Frau zur Pflege gab. Aus seinem Gürtel holte er den einen Edelstein und vermachte ihn dem Kind, damit so sein Leben gesichert sei. Dann aber trieb es ihn fort, die Gefährten und den Stern, den er verloren hatte, zu suchen.

Er fragte die Menschen um den Weg, den die fremden Könige genommen und – o Freude – eines Tages erblickte er den Stern wieder und eilte ihm nach. Doch seltsam, so sehr er sich sehnte, den Heiland der Welt zu finden und vor ihm niederzuknien – die Not des Kindes hatte ihn hellhörig gemacht für alle Not, und sie ließ ihn nicht mehr los.

Der Stern führte ihn durch eine Stadt. Ein Leichenzug begegnete ihm. Hinter dem Sarg schritt eine Frau mit ihren Kindern. Äußerste Trostlosigkeit sprach aus ihren Zügen, und in Verzweiflung klammerten sich die Kinder an ihre Mutter. Da stieg der König vom Pferd, denn er sah wohl, daß nicht allein die Trauer um den Toten solchen Schmerz hervorgerufen hatte. Den Mann und Vater trug man zu Grabe, und vom Grabe weg sollten die Frau und die Kinder als Sklaven verkauft und auseinandergerissen werden, weil niemand für die Schuld aufkommen wollte. Von Mitleid übermannt, entnahm er dem Gürtel den zweiten Edelstein. Er lag ihm auf der Hand, und die Sonne ließ ihn funkeln und leuchten. Dem neugeborenen König war er zugedacht. Doch mit einer raschen Bewegung legte er ihn in die Hand der trauernden Witwe: »Bezahlet, was ihr schuldig seid, und kauft euch Haus und Hof und Land, damit ihr und eure Kinder eine Heimat haben.«

Sprach's, schwang sich aufs Pferd und wollte dem Stern entgegenreiten – doch dieser war erloschen. Tage- und wochenlang suchte und forschte er. Eine große Traurigkeit befiel seine Seele. Zweifel quälten seinen Geist: War er wohl seiner Berufung untreu geworden? Und die Angst, nie mehr Gott finden zu dürfen, zehrte an seinem Leibe. Bis sein Licht ihm eines Tages wieder aufleuchtete, und er mit frischer Kraft und frohem Herzen dem neuen Ziel entgegenstrebte.

Er kam durch ein fremdes Land, Krieg wütete dort, und Leid und Elend und Blut bedeckten die Erde und Herzen. In einem Dorf hatten die Soldaten die Bauern auf einem Platze zusammengetrieben. Eines grausamen Todes sollten sie sterben. In den Hütten schrien die Frauen im Wahnsinn des Entsetzens, und die Kinder wimmerten. Da packte den jungen König das Grauen. Er hatte zwar nur mehr einen einzigen Stein, sollte er denn mit leeren Händen vor dem König der Menschen erscheinen? Doch dies Elend war so riesengroß, daß er auch den letzten mit zitternden Händen opferte, die Männer vom Tode loskaufte und das Dorf vor Verwüstung, die Frauen vor Schändung bewahrte.

Müde und traurig ritt er weiter. Sein Stern leuchtete nicht mehr. Seine Seele war im Leid schier untergegangen. Wo war sein eigenster Weg? Immer und immer wieder riß die Not der Menschen ihn vom Ziel zurück. Jahrelang wanderte er. Zuletzt zu Fuß, da er auch sein Roß verschenkt hatte. Nichts besaß er mehr. Selber bettelnd durchzog er die Länder, half dort einer alten Frau die zu schwere Last zu tragen, zeigte hier einem Schwachen, wie er sich gegen die Übermacht der Stärkeren durchsetzen könne, pflegte Kranke und scheuchte einem halbverhungerten Pferde die lästigen Fliegen fort.

Keine Not blieb ihm fremd. Keinem Schmerz, dem er begegnete, konnte er ausweichen. Und eines Tages begab es sich, daß er am Hafen einer großen Stadt gerade dazu kam, wie ein Vater seiner unglücklichen Frau und den klagenden Kindern mit Gewalt entrissen werden sollte. Ein Sklave war es, der sich gegen die Tyrannei seines Herrn aufgelehnt hatte. Dafür sollte er auf einem Sträflingsschiff, auf einer Galeere, büßen. Der König bat und flehte so inständig für den armen Menschen, und als alles nichts helfen wollte, bot er sich selber an. Mit seiner eigenen Freiheit, seinem eigenen Leben kaufte er den Unglücklichen los und stieg nun als Galeerensklave in das Schiff hinab.

War es nicht zu schwer, was er sich damit aufgeladen hatte? Sein Stolz bäumte sich auf, als er in eiserne Ketten gelegt wurde. Bisher war er noch nicht gequält worden. Hier war zwischen Verbrechern sein Platz. Dumpf hallten die Schläge durch den Raum, die unaufhörlich den Takt des Ruderns angaben. Angekettet an dies Sträflingsschiff, war er bei Sturm oder Kampf dem sicheren Tod preisgegeben.

Hatte er nicht sinnlos gehandelt? Ein qualvolles Stöhnen drang aus seiner Brust. In dieser gefährlichen Stunde, da sein Geist sich empören und sein Herz sich verhärten wollte, leuchtete der Stern, sein Stern, den er wohl nie mehr am Himmel würde sehen dürfen, in seiner Seele auf. Dieses innere Licht erfüllte ihn mit einer ruhigen Gewißheit, dennoch auf dem richtigen Weg zu sein. Getröstet erfaßte er die Ruder. Jahre vergingen. Er vergaß, sie zu zählen. Grau war sein Haar geworden, seine Hände voller Schwielen, müde sein geschundener Leib. Doch sein

Herz kannte keine Bitterkeit, denn sein Stern leuchtete ihm immer noch. Aus seinem Gesicht strahlte herzliche Güte.

Längst war man auf diesen seltsamen Sklaven aufmerksam geworden. Und was er nie zu hoffen geglaubt hatte, geschah: Man schenkte ihm die Freiheit. An der Küste eines fremden Landes verließ er das Schiff. Arme Fischer nahmen sich seiner für die Nacht an.

In dieser Nacht träumte er von seinem Stern, dem zu folgen er als junger Mann ausgezogen war und Heimat und Reichtum verlassen hatte. Eine Stimme rief ihn: »Eile dich, eile!«

Da brach er noch zur selben Stunde auf. Und – o Wunder – als er in die Nacht hineinschritt, siehe, da leuchtete der Stern vor ihm, und sein Glanz war rot wie die Sonne am Abend.

So eilte er und kam an die Tore einer großen Stadt. In ihren Straßen war lärmendes Treiben. Aufgeregte Gruppen von Menschen standen zusammen, immer wieder von Soldaten zum Weitergehen auseinandergescheucht. Viele zogen hinaus vor die Mauern.

Der Menschenstrom riß auch ihn mit – er wußte nicht wie. Dumpfe Angst beengte ihm die Brust. Einen Hügel schritt er hinauf. Oben, zwischen Himmel und Erde, ragten drei Pfähle. Was war das?

Sein Stern, der ihn zum König der Welt führen sollte, blieb über dem Pfahl in der Mitte stehen, leuchtete noch einmal auf – es war, als schrie der Stern – und war erloschen.

Da traf ihn der Blick dieses Menschen, der da am Pfahl hing. Alles Leid, alle Qual der Erde mußte dieser Mensch in sich gesogen haben, so war dieser Blick. Aber auch alle Güte und eine grenzenlose Liebe atmete aus seiner Gestalt, die noch in der Entstellung des Schmerzes schön und voll Würde war. Seine Handflächen, von Nägeln durchbohrt, waren eingekrümmt. Es leuchtete wie Strahlen aus diesen Händen.

Wie ein Blitz durchbebte den König die Erkenntnis: Dieser ist der König der Menschen. Dieser ist Gott, der Heiland der Welt, den ich gesucht, nach dem ich mich in Sehnsucht verzehrte. Er ist mir begegnet in all den Menschen, die hilflos und in Not waren. Ihm habe ich gedient, indem ich all den Gequälten und Überforderten geholfen habe.

Er sank unter dem Kreuz in die Knie. Was hatte er ihm zu bringen? Nichts! Seine leeren Hände streckte er dem Herrn entgegen. Da fielen drei dunkelrote Tropfen des kostbaren Blutes vom Kreuz in die Hände des Königs. Sie leuchteten mehr als jeder Edelstein.

Ein Schrei durchbebte die Luft – der Herr neigte das Haupt und starb. Unter dem Kreuz war der

König tot zusammengebrochen. Seine Hände umschlossen die Blutstropfen. Noch im Tode schaute er auf den Herrn am Kreuz.

Nach einer russischen Legende

Die heilige Nacht

Als ich fünf Jahre alt war, hatte ich einen großen Kummer. Ich weiß kaum, ob ich seitdem einen größeren gehabt habe. Das war, als meine Großmutter starb. Bis dahin hatte sie jeden Tag auf dem Ecksofa in ihrer Stube gesessen und Märchen erzählt. Ich weiß es nicht anders, als daß Großmutter dasaß und erzählte, vom Morgen bis zum Abend, und wir Kinder saßen still neben ihr und hörten zu. Das war ein herrliches Leben. Es gab keine Kinder, denen es so gut ging wie uns.

Ich erinnere mich nicht an sehr viel von meiner Großmutter. Ich erinnere mich, daß sie schönes, kreideweißes Haar hatte und daß sie sehr gebückt ging und daß sie immer dasaß und an einem Strumpf strickte.

Dann erinnerte ich mich auch, daß sie, wenn sie ein Märchen erzählt hatte, ihre Hand auf meinen Kopf zu legen pflegte, und dann sagte sie: »Und das alles ist so wahr, wie daß ich dich sehe und du mich siehst.«

Ich entsinne mich auch, daß sie schöne Lieder singen konnte, aber das tat sie nicht alle Tage. Eines dieser Lieder handelte von einem Ritter und einer Meerjungfrau, und es hatte den Kehrreim: »Es weht so kalt, es weht so kalt, wohl über die weite See.«

Dann entsinne ich mich eines kleinen Gebets, das sie mich lehrte, und eines Psalmverses.

Von allen den Geschichten, die sie mir erzählte, habe ich nur eine schwache, unklare Erinnerung. Nur an eine einzige von ihnen erinnere ich mich so gut, daß ich sie erzählen könnte. Es ist eine kleine Geschichte von Jesu Geburt.

Seht, das ist beinahe alles, was ich noch von meiner Großmutter weiß, außer dem, woran ich mich am besten erinnere, nämlich dem großen Schmerz, als sie dahinging.

Ich erinnere mich an den Morgen, an dem das Ecksofa leer stand und es unmöglich war zu begreifen, wie die Stunden des Tages zu Ende gehen sollten. Daran erinnere ich mich. Das vergesse ich nie.

Und ich erinnere mich, daß wir Kinder hingeführt wurden, um die Hand der Toten zu küssen. Und wir hatten Angst, es zu tun, aber da sagte uns jemand, daß wir nun zum letztenmal Großmutter für alle die Freude danken könnten, die sie uns gebracht hatte. Und ich erinnere mich, wie Märchen und Lieder vom Hause wegfuhren, in einen langen schwarzen Sarg gepackt, und niemals wiederkamen.

Ich erinnere mich, daß etwas aus dem Leben verschwunden war. Es war, als hätte sich die Tür zu einer ganzen schönen, verzauberten Welt geschlossen, in der wir früher frei aus und ein gehen durften.

Und nun gab es niemand mehr, der sich darauf verstand, diese Tür zu öffnen.

Und ich erinnere mich, daß wir Kinder so allmählich lernten, mit Spielzeug und Puppen zu spielen und zu leben wie andere Kinder auch, und da konnte es ja den Anschein haben, als vermißten wir Großmutter nicht mehr, als erinnerten wir uns nicht mehr an sie.

Aber noch heute, nach vierzig Jahren, wie ich da sitze und die Legenden über Christus sammle, die ich drüben im Morgenland gehört habe, wacht die kleine Geschichte von Jesu Geburt, die meine Großmutter zu erzählen pflegte, in mir auf. Und ich bekomme Lust, sie noch einmal zu erzählen und sie auch in meine Sammlung mit aufzunehmen.

Es war an einem Weihnachtstag, alle waren zur Kirche gefahren, außer Großmutter und mir. Ich glaube, wir beide waren im ganzen Hause allein. Wir hatten nicht mitfahren können, weil die eine zu jung und die andere zu alt war. Und alle beide waren wir betrübt, daß wir nicht zum Mettegesang fahren und die Weihnachtslichter sehen konnten.

Aber wie wir so in unserer Einsamkeit saßen, fing Großmutter zu erzählen an.

»Es war einmal ein Mann«, sagte sie, »der in die dunkle Nacht hinausging, um sich Feuer zu leihen. Er ging von Haus zu Haus und klopfte an. ›Ihr lieben

Leute, helft mir!‹ sagte er. ›Mein Weib hat eben ein Kindlein geboren, und ich muß Feuer anzünden, um es und den Kleinen zu wärmen.‹

Aber es war tiefe Nacht, so daß alle Menschen schliefen, und niemand antwortete ihm.

Der Mann ging und ging. Endlich erblickte er in weiter Ferne einen Feuerschein. Da wanderte er dieser Richtung zu und sah, daß das Feuer im Freien brannte. Eine Menge weißer Schafe lag rings um das Feuer und schlief, und ein alter Hirte wachte über der Herde. Als der Mann, der Feuer leihen wollte, zu den Schafen kam, sah er, daß drei große Hunde zu Füßen des Hirten ruhten und schliefen. Sie erwachten alle drei bei seinem Kommen und sperrten ihre weiten Rachen auf, als ob sie bellen wollten, aber man vernahm keinen Laut. Der Mann sah, daß sich die Haare auf ihrem Rücken sträubten, er sah, wie ihre scharfen Zähne funkelnd weiß im Feuerschein leuchteten, und wie sie auf ihn losstürzten. Er fühlte, daß einer nach seiner Hand und daß einer sich an seine Kehle hängte. Aber die Kinnladen und die Zähne, mit denen die Hunde beißen wollten, gehorchten ihnen nicht, und der Mann litt nicht den kleinsten Schaden.

Nun wollte der Mann weitergehen, um das zu finden, was er brauchte. Aber die Schafe lagen so dicht nebeneinander, Rücken an Rücken, daß er nicht vorwärts kommen konnte. Da stieg der Mann auf die

Rücken der Tiere und wanderte über sie hin dem Feuer zu. Und keins von den Tieren wachte auf oder regte sich.«

Soweit hatte Großmutter ungestört erzählen können, aber nun konnte ich es nicht lassen, sie zu unterbrechen. »Warum regten sie sich nicht, Großmutter?« fragte ich.

»Das wirst du nach einem Weilchen schon erfahren«, sagte Großmutter und fuhr mit ihrer Geschichte fort. »Als der Mann fast beim Feuer angelangt war, sah der Hirt auf. Es war ein alter, mürrischer Mann, der unwirsch und hart gegen alle Menschen war. Und als er einen Fremden kommen sah, griff er nach seinem langen, spitzigen Stabe, den er in der Hand zu halten pflegte, wenn er seine Herde hütete, und warf ihn nach ihm. Und der Stab fuhr zischend gerade auf den Mann los, aber ehe er ihn traf, wich er zur Seite und sauste, an ihm vorbei, weit über das Feld.«

Als Großmutter soweit gekommen war, unterbrach ich sie abermals. »Großmutter, warum wollte der Stock den Mann nicht schlagen?« Aber Großmutter ließ es sich nicht einfallen, mir zu antworten, sondern fuhr mit ihrer Erzählung fort.

»Nun kam der Mann zu dem Hirten und sagte zu ihm: ›Guter Freund, hilf mir und leih mir ein wenig Feuer. Mein Weib hat eben ein Kindlein geboren, und ich muß Feuer machen, um es und den Kleinen zu erwärmen.‹ Der Hirt hätte am liebsten nein gesagt, aber als er daran dachte, daß die Hunde nicht vor ihm davongelaufen waren und daß sein Stab ihn nicht fällen wollte, da wurde ihm ein wenig bange, und er wagte nicht, dem Fremden das abzuschlagen, was er begehrte. ›Nimm, soviel du brauchst‹, sagte er zu dem Manne.

Aber das Feuer war beinahe ausgebrannt. Es waren keine Scheite und Zweige mehr übrig, sondern nur ein großer Gluthaufen, und der Fremde hatte weder Schaufel noch Eimer, worin er die roten Kohlen hätte tragen können.

Als der Hirt dies sah, sagte er abermals: ›Nimm, soviel du brauchst!‹ Und er freute sich, daß der Mann kein Feuer wegtragen konnte. Aber der Mann beugte sich hinunter, holte die Kohlen mit bloßen Händen aus der Asche und legte sie in seinen Mantel. Und weder versengten die Kohlen seine Hände, als er sie berührte, noch versengten sie seinen Mantel, sondern der Mann trug sie fort, als wenn es Nüsse oder Äpfel gewesen wären.«

Aber hier wurde die Märchenerzählerin zum drittenmal unterbrochen. »Großmutter, warum wollte die Kohle den Mann nicht brennen?«

»Das wirst du schon hören«, sagte Großmutter, und dann erzählte sie weiter.

»Als dieser Hirte, der ein so böser, mürrischer Mann war, dies alles sah, begann er sich bei sich selbst zu wundern: ›Was kann dies für eine Nacht sein, wo die Hunde die Schafe nicht beißen, die Schafe nicht erschrecken, die Lanze nicht tötet und das Feuer nicht brennt?‹ Er rief den Fremden zurück und sagte zu ihm: ›Was ist dies für eine Nacht? Und woher kommt es, daß alle Dinge dir Barmherzigkeit zeigen?‹

Da sagte der Mann: ›Ich kann es dir nicht sagen, wenn du selber es nicht siehst.‹ Und er wollte seiner Wege gehen, um bald ein Feuer anzünden und Weib und Kind wärmen zu können.

Aber da dachte der Hirt, er wolle den Mann nicht ganz aus dem Gesicht verlieren, bevor er erfahren hätte, was dies alles bedeute. Er stand auf und ging ihm nach, bis er dorthin kam, wo der Fremde daheim war. Da sah der Hirt, daß der Mann nicht einmal eine Hütte hatte, um darin zu wohnen, sondern er hatte sein Weib und sein Kind in einer Berggrotte liegen, wo es nichts gab als nackte, kalte Steinwände.

Aber der Hirt dachte, daß das arme unschuldige Kindlein vielleicht dort in der Grotte erfrieren würde, und obgleich er ein harter Mann war, wurde er davon doch ergriffen und beschloß, dem Kinde zu helfen. Und er löste sein Ränzel von der Schulter und nahm daraus ein weiches, weißes Schaffell hervor. Das gab er dem fremden Manne und sagte, er möge das Kind darauf betten.

Aber in demselben Augenblick, in dem er zeigte, daß auch er barmherzig sein konnte, wurden ihm die Augen geöffnet, und er sah, was er vorher nicht hatte sehen, und hörte, was er vorher nicht hatte hören können.

Er sah, daß rund um ihn ein dichter Kreis von kleinen, silberbeflügelten Englein stand. Und jedes von ihnen hielt ein Saitenspiel in der Hand, und alle sangen sie mit lauter Stimme, daß in dieser Nacht der Heiland geboren wäre, der die Welt von ihren Sünden erlösen solle.

Da begriff er, warum in dieser Nacht alle Dinge so froh waren, daß sie niemand etwas zuleide tun wollten. Und nicht nur rings um den Hirten waren Engel, sondern er sah sie überall. Sie saßen in der Grotte, und sic saßen auf dem Berge, und sie flogen unter dem Himmel. Sie kamen in großen Scharen über den Weg gegangen, und wie sie vorbeikamen, blieben sie stehen und warfen einen Blick auf das Kind.

Es herrschte eitel Jubel und Freude und Singen und Spiel, und das alles sah er in der dunklen Nacht, in der er früher nichts zu gewahren vermocht hatte. Und er wurde so froh, daß seine Augen geöffnet waren, daß er auf die Knie fiel und Gott dankte.«

Aber als Großmutter soweit gekommen war, seufzte sie und sagte: »Aber was der Hirte sah, das könnten wir auch sehen, denn die Engel fliegen in jeder Weihnachtsnacht unter dem Himmel, wenn wir sie nur zu gewahren vermögen.«

Und dann legte Großmutter ihre Hand auf meinen Kopf und sagte: »Dies sollst du dir merken, denn es ist so wahr, wie daß ich dich sehe und du mich siehst. Nicht auf Lichter und Lampen kommt es an, und es liegt nicht an Mond und Sonne, sondern was not tut, ist, daß wir Augen haben, die Gottes Herrlichkeit sehen können.«

Selma Lagerlöf

Das kleine Mädchen mit den Schwefelhölzchen

Es war entsetzlich kalt, es schneite, und der Abend begann zu dunkeln; es war der letzte Abend des Jahres. In dieser Kälte und Dunkelheit ging auf der Straße ein kleines armes Mädchen mit bloßem Kopf und nackten Füßen. Als es das Haus verließ, hatte es freilich Pantoffeln angehabt. Aber was half das? Es waren sehr große Pantoffeln, die seine Mutter bisher getragen hatte, so groß waren sie; und die Kleine verlor sie, als sie über die Straße huschte, weil zwei Wagen schrecklich schnell vorüberrollten. Der eine Pantoffel war nicht wiederzufinden, mit dem andern lief ein Junge fort; er sagte, er könne ihn als Wiege gebrauchen, wenn er selbst Kinder hätte.

Da ging nun das kleine Mädchen auf den nackten kleinen Füßen, die rot und blau vor Kälte waren. In einer alten Schürze trug es eine Menge Schwefelhölzchen und ein Bund davon in der Hand. Niemand hatte ihm den ganzen langen Tag etwas abgekauft, niemand hatte ihm einen kleinen Schilling geschenkt; hungrig und verfroren schlich es einher und sah so verschüchtert aus, das arme kleine Mädchen!

Die Schneeflocken bedeckten sein langes blondes Haar, das sich so hübsch im Nacken lockte; aber daran dachte es nun freilich nicht. Aus allen Fenstern glänzten die Lichter, und es roch in der Straße herrlich nach Gänsebraten; es war Silvesterabend, und daran dachte es.

In einem Winkel zwischen zwei Häusern, von denen das eine etwas weiter in die Straße vorsprang als das andere, setzte es sich hin und kauerte sich zusammen. Die kleinen Füße hatte es an sich gezogen, aber es fror noch mehr, und nach Hause zu gehen wagte es nicht. Es hatte ja keine Schwefelhölzchen verkauft und nicht einen einzigen Schilling bekommen, sein Vater würde es schlagen. Kalt war es zu Hause auch; über sich hatte sie nur das Dach, durch das der Wind pfiff, wenn auch die größten Spalten mit Stroh und Lumpen zugestopft waren.

Die kleinen Hände waren beinahe vor Kälte erstarrt. Ach! ein Schwefelhölzchen konnte ihm wohl guttun, wenn es nur ein einziges aus dem Bunde herausziehen, es an die Wand streichen und sich die Finger erwärmen dürfte. Es zog eins heraus, »ritsch!«, wie sprühte, wie brannte es! Es war eine warme helle Flamme, wie ein kleines Licht, als es die Hände darüber hielt. Es war ein wunderbares Licht! Es schien dem kleinen Mädchen, als säße es vor einem großen eisernen Ofen mit blanken Messingkugeln und einer Messingtrommel. Das Feuer brannte so schön, und es wärmte so gut! Das kleine Mädchen streckte schon die Füße aus, um auch diese zu wärmen – da erlosch die Flamme, der Ofen verschwand, es hatte nur den kleinen Rest des abgebrannten Schwefelhölzchens in der Hand.

Ein neues wurde angestrichen, es brannte, es leuchtete, und wo der Schein auf die Mauer fiel, wurde diese durchsichtig wie ein Schleier. Es konnte gerade in die Stube hineinsehen, wo der Tisch mit einem weißen Tischtuche und feinem Porzellan gedeckt war, und herrlich dampfte die gebratene Gans, mit Äpfeln und getrockneten Pflaumen gefüllt. Und was noch prächtiger war, die Gans sprang von der Schüssel herunter und wackelte auf dem Fußboden, Messer und Gabel im Rücken, gerade auf das arme Mädchen zu. Da erlosch das Schwefelhölzchen, und nur die kalte Mauer war zu sehen.

Es zündete noch ein Hölzchen an. Da saß es nun unter dem herrlichsten Weihnachtsbaum, der noch größer und geputzter war als der, den es am Heiligabend durch die Glastür bei dem reichen Kaufmann gesehen hatte. Tausende von Lichtern brannten auf den grünen Zweigen, und bunte Bilder, wie sie an Schaufenstern zu sehen waren, sahen herab. Das kleine Mädchen streckte die Hände danach aus – da erlosch das Schwefelhölzchen. Die Weihnachtslichter stiegen höher und höher, und es sah sie jetzt als helle Sterne am Himmel; einer von ihnen fiel herunter und bildete einen langen Feuerstreifen am Himmel.

»Jetzt stirbt jemand!« sagte das kleine Mädchen,

denn die alte Großmutter, die einzige, die gut zu ihm gewesen und nun gestorben war, hatte ihm erzählt, daß, wenn ein Stern am Himmel herunterfällt, eine Seele zu Gott emporsteigt.

Es strich wieder ein Hölzchen an der Mauer an, es leuchtete ringsumher, und in dem Glanz stand die alte Großmutter, so klar, so schimmernd, so mild und liebevoll.

»Großmutter!« rief die Kleine. »Oh! nimm mich mit! Ich weiß, du bist fort, wenn das Schwefelhölzchen erlischt, du verschwindest wie der warme Ofen, wie der herrliche Gänsebraten und der große prächtige Weihnachtsbaum!« Und es strich schnell den ganzen Rest der Schwefelhölzchen an, der noch im Bunde war, denn es wollte die Großmutter recht festhalten. Und die Schwefelhölzchen leuchteten mit einem solchen Glanz, daß es heller wurde als am hellen Tage. Großmutter war früher nie so schön, so groß gewesen. Sie nahm das kleine Mädchen auf ihre Arme, und sie flogen in Glanz und Freude so hoch, so hoch; und dort oben waren weder Kälte noch Hunger noch Angst – sie waren bei Gott.

Aber im Winkel des Hauses saß in der kalten Morgenstunde das kleine Mädchen mit roten Wangen und lächelndem Munde – tot, erfroren an des alten Jahres letztem Abend. Der Neujahrsmorgen ging über dem toten Kinde auf, das dort mit den Schwefelhölzchen saß, von denen ein Bund abgebrannt war. »Es hat sich erwärmen wollen!« sagte man. Niemand wußte, was es Schönes gesehen hatte, in welchem Glanze es mit der Großmutter zur Neujahrsfreude eingegangen war.

Hans Christian Andersen

Der heilige Abend

Unsere Kirche feiert verschiedene Feste, welche zum Herzen dringen. Man kann sich kaum etwas Lieblicheres denken als Pfingsten und kaum etwas Ernsteres und Heiligeres als Ostern. Das Traurige und Schwermütige der Charwoche und darauf das Feierliche des Sonntags begleiten uns durch das Leben. Eines der schönsten Feste feiert die Kirche fast mitten im Winter, wo beinahe die längsten Nächte und kürzesten Tage sind, wo die Sonne am schiefsten gegen unsere Gefilde steht und Schnee alle Fluren deckt, das Fest der Weihnacht. Wie in vielen Ländern der Tag vor dem Geburtsfeste des Herrn der Christabend heißt, so heißt er bei uns der Heilige Abend, der darauffolgende Tag der Heilige Tag und die dazwischen liegende Nacht die Weihnacht. Die katholische Kirche begeht den Christtag als den Tag der Geburt des Heilandes mit ihrer allergrößten kirchlichen Feier, in den meisten Gegenden wird schon die Mitternachtsstunde als die Geburtsstunde des Herrn mit prangender Nachtfeier geheiligt, zu der die Glocken durch die stille finstere, winterliche Mitternachtluft laden, zu der die Bewohner mit Lichtern oder auf dunkeln, wohlbekannten Pfaden aus schneeigen Bergen an bereiften Wäldern vorbei und durch knarrende Obstgärten zu der Kirche eilen, aus der die feierliche Töne kommen und die aus der Mitte des in beeiste Bäume gehüllten Dorfes mit den langen beleuchteten Fenstern emporragt.

Mit dem Kirchenfeste ist auch ein häusliches verbunden. Es hat sich fast in allen christlichen Ländern verbreitet, daß man den Kindern die Ankunft des Christkindleins – auch eines Kindes, des wunderbarsten, das je auf der Welt war – als ein heiteres, glänzendes, feierliches Ding zeigt, das durch das ganze Leben fortwirkt und manchmal noch spät im Alter bei trüben, schwermütigen oder rührenden Erinnerungen gleichsam als Rückblick in die einstige Zeit mit den bunten, schimmernden Fittigen durch den öden, traurigen und ausgeleerten Nachthimmel fliegt. Man pflegt den Kindern die Geschenke zu geben, die das heilige Christkindlein gebracht hat, um ihnen Freude zu machen. Das tut man gewöhnlich am Heiligen Abende, wenn die tiefe Dämmerung eingetreten ist. Man zündet Lichter und meistens sehr viele an, die oft mit den kleinen Kerzlein auf den schönen grünen Ästen eines Tannen- oder Fichtenbäumchens schweben, das mitten in der Stube steht. Die Kinder dürfen nicht eher kommen, als bis das Zeichen gegeben wird, daß der Heilige Christ zugegen gewesen ist und die Geschenke, die er mitgebracht, hinterlassen hat. Dann geht die Tür auf, die Kleinen dürfen hinein, und bei dem herrlichen, schwimmenden Lichterglanze sehen sie Dinge auf dem Baume hängen oder auf dem Tische herumgebreitet, die alle Vorstellungen ihrer Einbildungskraft weit übertreffen, die sie sich nicht anzurühren getrauen und die sie endlich, wenn sie sie bekommen haben, den ganzen Abend in ihrem Ärmchen herumtragen und mit sich in das Bett nehmen. Wenn sie dann in ihre Träume hinein die Glockentöne der Mitternacht hören, durch welche die Großen in die Kirche zur Andacht gerufen werden, dann mag es ihnen sein, als zögen jetzt die Englein durch den Himmel oder als kehre der Heilige Christ nach Hause, welcher nunmehr bei allen Kindern gewesen ist und jedem von ihnen ein herrliches Geschenk hinterbracht hat.

Wenn dann der folgende Tag, der Christtag, kömmt, so ist er ihnen so feierlich, wenn sie frühmorgens mit ihren schönsten Kleidern angetan in der warmen Stube stehen, wenn der Vater und die Mutter sich zum Kirchgange schmücken, wenn zu Mittage ein feierliches Mahl ist, ein besseres als in jedem Tage des ganzen Jahres, und wenn nachmittags oder gegen den Abend hin Freunde und Bekannte kommen, auf den Stühlen und Bänken herumsitzen, miteinander reden und behaglich durch die Fenster in die Wintergegend hinausschauen können, wo entweder die langsamen Flocken niederfallen oder ein trübender Nebel um die Berge steht oder die blutrote, kalte Sonne hinabsinkt. An verschiedenen Stellen der Stube, entweder auf einem Stühlchen oder auf der Bank oder auf dem Fensterbrettchen, liegen die zaubrischen, nun aber schon bekannteren und vertrauteren Geschenke von gestern abend herum.

Hierauf vergeht der lange Winter, es kommt der Frühling und der unendlich dauernde Sommer – und wenn die Mutter wieder vom Heiligen Christe erzählt, daß nun bald sein Festtag sein wird und daß er auch diesmal herabkommen werde, ist es den Kindern, als sei seit seinem letzten Erscheinen eine ewige Zeit vergangen und als liege die damalige Freude in einer weiten nebelgrauen Ferne.

Weil dieses Fest so lange nachhält, weil sein Abglanz so hoch in das Alter hinaufreicht, so stehen wir so gerne dabei, wenn Kinder dasselbe begehen und sich darüber freuen. –

In den hohen Gebirgen unsers Vaterlandes steht ein Dörfchen mit einem kleinen, aber sehr spitzigen Kirchturme, der mit seiner roten Farbe, mit welcher die Schindeln bemalt sind, aus dem Grün vieler Obstbäume hervorragt und wegen derselben roten Farbe in dem duftigen und blauen Dämmern der Berge weithin ersichtlich ist. Das Dörfchen liegt gerade mitten in einem ziemlich weiten Tale, das fast wie ein länglicher Kreis gestaltet ist. Es enthält außer der Kirche eine Schule, ein Gemeindehaus und noch mehrere stattliche Häuser, die einen Platz gestalten, auf welchem vier Linden stehen, die ein steinernes

Kreuz in ihrer Mitte haben. Diese Häuser sind nicht bloße Landwirtschaftshäuser, sondern sie bergen auch noch diejenigen Handwerke in ihrem Schoße, die dem menschlichen Geschlechte unentbehrlich sind und die bestimmt sind, den Gebirgsbewohnern ihren einzigen Bedarf an Kunsterzeugnissen zu dekken. Im Tale und an den Bergen herum sind noch sehr viele zerstreute Hütten, wie das in Gebirgsgegenden sehr oft der Fall ist, welche alle nicht nur zur Kirche und Schule gehören, sondern auch jenen Handwerken, von denen gesprochen wurde, durch Abnahme der Erzeugnisse ihren Zoll entrichten. Es gehören sogar noch weitere Hütten zu dem Dörfchen, die man von dem Tale aus gar nicht sehen kann, die noch tiefer in den Gebirgen stecken, deren Bewohner selten zu ihren Gemeindemitbrüdern herauskommen und die im Winter oft ihre Toten aufbewahren müssen, um sie nach dem Wegschmelzen des Schnees zum Begräbnis bringen zu können. Der größte Herr, den die Dörfler im Laufe des Jahres zu sehen bekommen, ist der Pfarrer. Sie verehren ihn sehr, und es geschieht gewöhnlich, daß derselbe durch längeren Aufenthalt im Dörfchen ein der Einsamkeit gewöhnter Mann wird, daß er nicht ungerne bleibt und einfach fortlebt. Wenigstens hat man seit Menschengedenken nicht erlebt, daß der Pfarrer des Dörfchens ein auswärtssüchtiger oder seines Standes unwürdiger Mann gewesen wäre.

Es gehen keine Straßen durch das Tal, sie haben ihre zweigleisigen Wege, auf denen sie ihre Felderzeugnisse mit einspännigen Wäglein nach Hause bringen, es kommen daher wenig Menschen in das Tal, unter diesen manchmal ein einsamer Fußreisender, der ein Liebhaber der Natur ist, eine Weile in der bemalten Oberstube des Wirtes wohnt und die Berge betrachtet, oder gar ein Maler, der den kleinen spitzen Kirchturm und die schönen Gipfel der Felsen in seine Mappe zeichnet. Daher bilden die Bewohner eine eigene Welt, sie kennen einander alle mit Namen und mit den einzelnen Geschichten von Großvater und Urgroßvater her, trauern alle, wenn einer stirbt, wissen, wie er heißt, wenn einer geboren wird, haben eine Sprache, die von der der Ebene draußen abweicht, haben ihre Streitigkeiten, die sie schlichten, stehen einander bei und laufen zusammen, wenn sich etwas Außerordentliches begibt.

Sie sind sehr stetig, und es bleibt immer beim alten. Wenn ein Stein aus einer Mauer fällt, wird derselbe wieder hineingesetzt, die neuen Häuser werden wie die alten gebaut, die schadhaften Dächer werden mit gleichen Schindeln ausgebessert, und wenn in einem Hause scheckige Kühe sind, so werden immer solche Kälber aufgezogen, und die Farbe bleibt bei dem Hause.

Gegen Mittag sieht man von dem Dorfe einen Schneeberg, der mit seinen glänzenden Hörnern fast oberhalb der Hausdächer zu sein scheint, aber in der Tat doch nicht so nahe ist. Er sieht das ganze Jahr, Sommer und Winter, mit seinen vorstehenden Felsen und mit seinen weißen Flächen in das Tal herab. Als das Auffallendste, was sie in ihrer Umgebung haben, ist der Berg der Gegenstand der Betrachtung der Bewohner, und er ist der Mittelpunkt vieler Geschichten geworden. Es lebt kein Mann und Greis in dem Dorfe, der nicht von den Zacken und Spitzen des Berges, von seinen Eisspalten und Höhlen, von seinen Wässern und Geröllströmen etwas zu erzählen wüßte, was er entweder selbst erfahren oder von andern erzählen gehört hat. Dieser Berg ist auch der Stolz des Dorfes, als hätten sie ihn selber gemacht, und es ist nicht so ganz entschieden, wenn man auch die Biederkeit und Wahrheitsliebe der Talbewohner hoch anschlägt, ob sie nicht zuweilen zur Ehre und zum Ruhme des Berges lügen. Der Berg gibt den Bewohnern außer dem, daß er ihre Merkwürdigkeit ist, auch wirklichen Nutzen; denn wenn eine Gesellschaft von Gebirgsreisenden hereinkömmt, um von dem Tale aus den Berg zu besteigen, so dienen die Bewohner des Dorfes als Führer, und einmal Führer gewesen zu sein, dieses und jenes erlebt zu haben, diese und jene Stelle zu kennen, ist eine Auszeichnung, die jeder gerne von sich darlegt. Sie reden oft davon, wenn sie in der Wirtsstube beieinander sitzen, und erzählen ihre Wagnisse und ihre wunderbaren Erfahrungen und versäumen aber auch nie zu sagen, was dieser oder jener Reisende gesprochen habe und was sie von ihm als Lohn für ihre Bemühungen empfangen hätten. Dann sendet der Berg von seinen Schneeflächen die Wasser ab, welche einen See in seinen Hochwäldern speisen und den Bach erzeugen, der lustig durch das Tal strömt, die Brettersäge, die Mahlmühle und andere kleine Werke treibt, das Dorf reinigt und das Vieh tränkt. Von den Wäldern des Berges kömmt das Holz, und sie halten die Lawinen auf. Durch die innern Gänge und Lockerheiten der Höhen sinken die Wasser durch, die dann in Adern durch das Tal gehen und in Brünnlein und Quellen hervorkommen, daraus die Menschen trinken und ihr herrliches, oft belobtes Wasser dem Fremden reichen. Allein an letzteren Nutzen denken sie nicht und meinen, das sei immer so gewesen.

Wenn man auf die Jahresgeschichte des Berges sieht, so sind im Winter die zwei Zacken seines Gipfels, die sie Hörner heißen, schneeweiß und stehen, wenn sie an hellen Tagen sichtbar sind, blendend in der finstern Bläue der Luft; alle Bergfelder, die um diese Gipfel herumlagern, sind dann weiß; alle Abhänge sind so; selbst die steilrechten Wände, die die Bewohner Mauern heißen, sind mit einem angeflogenen weißen Reif bedeckt und mit zartem Eise wie mit einem Firnisse belegt, so daß die ganze Masse wie ein Zauberpalast aus dem bereiften Grau der Wälderlast emporragt, welche schwer um ihre Füße herum ausgebreitet ist. Im Sommer, wo Sonne und warmer Wind den Schnee von den Steilseiten wegnimmt, ragen die Hörner nach dem Ausdrucke der Bewohner schwarz in den Himmel und haben nur schöne weiße Äderchen und Sprenkeln auf ihrem Rücken, in der Tat aber sind sie zart fernblau, und was sie Äderchen und Sprenkeln heißen, das ist nicht weiß, sondern hat das schöne Milchblau des fernen Schnees gegen das dunklere der Felsen. Die Bergfelder um die Hörner aber verlieren, wenn es recht heiß ist, an ihren höheren Teilen wohl den Firn nicht, der gerade dann recht weiß auf das Grün der Talbäume herabsieht, aber es weicht von ihren unteren Teilen der Winterschnee, der nur einen Flaum machte, und es wird das unbestimmte Schillern von Bläulich und Grünlich sichtbar, das das Geschiebe von Eis ist, das dann bloßliegt und auf die Bewohner unten hinabgrüßt. Am Rande dieses Schillerns, wo es von ferne wie ein Saum von Edelsteinsplittern aussieht, ist es in der Nähe ein Gemenge wilder, riesenhafter Blöcke, Platten und Trümmer, die sich drängen und verwirrt ineinandergeschoben sind. Wenn ein Sommer gar heiß und lang ist, werden die Eisfelder weit hinauf entblößt, und dann schaut eine viel größere Fläche von Grün und Blau in das Tal, manche Kuppen und Räume werden entkleidet, die man sonst nur weiß erblickt hatte, der schmutzige Saum des Eises wird sichtbar, wo es Felsen, Erde und Schlamm schiebt, und viel reichlichere Wasser als sonst fließen in das Tal. Dies geht fort, bis es nach und nach wieder Herbst wird, das Wasser sich verringert, zu einer Zeit einmal ein grauer Landregen die ganze Ebene des Tales bedeckt, worauf, wenn sich die Nebel von den Höhen wieder lösen, der Berg seine weiche Hülle abermals umgetan hat, und alle Felsen, Kegel und Zacken in weißem Kleide dastehen. So spinnt es sich ein Jahr um das andere mit geringen Abwechslungen ab und wird sich fortspinnen, solange die Natur so bleibt und auf den Bergen Schnee und in den Tälern Menschen sind. Die Bewohner des Tales heißen die geringen Veränderungen große, bemerken sie wohl und berechnen an ihnen den Fortschritt des Jahres. Sie bezeichnen an den Entblößungen die Hitze und die Ausnahmen der Sommer.

Was nun noch die Besteigung des Berges betrifft, so geschieht dieselbe von dem Tale aus. Man geht nach der Mittagsrichtung zu auf einem guten, schönen Wege, der über einen sogenannten Hals in ein anderes Tal führt. Hals heißen sie einen mäßig hohen Bergrücken, der zwei größere und bedeutendere Gebirge miteinander verbindet und über den man zwischen den Gebirgen von einem Tale in ein anderes gelangen kann. Auf dem Halse, der den Schneeberg mit einem gegenüberliegenden großen Gebirgszuge verbindet, ist lauter Tannenwald. Etwas auf der größten Erhöhung desselben, wo nach und nach sich der Weg in das jenseitige Tal hinabzusenken beginnt, steht eine sogenannte Unglücksäule. Es ist einmal ein Bäcker, welcher Brot in seinem Korbe über den Hals trug, an jener Stelle tot gefunden worden. Man hat den toten Bäcker mit dem Korbe und mit den umringenden Tannenbäumen auf ein Bild gemalt, darunter eine Erklärung und eine Bitte um ein Gebet geschrieben, das Bild auf eine rot angestrichene hölzerne Säule getan und die Säule an der Stelle des Unglücks aufgerichtet. Bei dieser Säule biegt man von dem Wege ab und geht auf der Länge des Halses hinfort, statt über seine Breite in das jenseitige Tal hinüberzuwandern. Die Tannen bilden dort einen Durchlaß, als ob eine Straße zwischen ihnen hinginge. Es führt auch manchmal ein Weg in dieser Richtung hin, der dazu dient, das Holz von den höheren Gegenden zu der Unglücksäule herabzubringen, der aber dann wieder mit Gras verwächst. Wenn man auf diesem Wege fortgeht, der sachte bergan führt, so gelangt man endlich auf eine freie, von Bäumen entblößte Stelle. Dieselbe ist dürrer Heideboden, hat nicht einmal einen Strauch, sondern ist mit schwachem Heidekraute, mit trockenen Moosen und mit Dürrbodenpflanzen bewachsen. Die Stelle wird immer steiler, und man geht lange hinan; man geht aber immer in einer Rinne gleichsam wie in einem ausgerundeten Graben hinan, was den Nutzen hat, daß man auf der großen, baumlosen und überall gleichen Stelle nicht leicht irren kann. Nach einer Zeit erscheinen Felsen, die wie Kirchen gerade aus dem Grasboden aufsteigen und zwischen deren Mauern man längere Zeit hinangehen kann. Dann erscheinen wieder kahle, fast pflanzenlose Rücken, die bereits in die Lufträume der höhern Gegenden ragen und gerade zu dem Eise führen. Zu beiden Seiten dieses Weges sind steile Wände, und durch diesen Damm hängt der Schneeberg mit dem Halse zusammen. Um das Eis zu überwinden, geht man eine geraume Zeit an der Grenze desselben, wo es von den Felsen umstanden ist, dahin, bis man zu dem ältern Firn gelangt, der die Eisspalten überbaut und in den meisten Zeiten des Jahres den Wanderer trägt. An der höchsten Stelle des Firns erheben sich die zwei Hörner aus dem Schnee, wovon eines das höhere, mithin die Spitze des Berges ist. Diese Kuppen sind sehr schwer zu erklimmen; da sie mit einem oft breiteren, oft engeren Scheegraben – dem Firnschrunde – umgeben sind, der übersprungen werden muß, und da ihre steilrechten Wände nur kleine Absätze haben, in welche der Fuß eingesetzt werden muß, so begnügen sich die meisten Besteiger des Berges damit, bis zu dem Firnschrunde gelangt zu sein und dort die Rundsicht, soweit sie nicht durch das Horn verdeckt ist, zu genießen. Die den Gipfel besteigen wollen, müssen dies mit Hilfe von Steigeisen, Stricken und Klammern tun.

Außer diesem Berge stehen an derselben Mittagseite noch andere, aber keiner ist so hoch, wenn sie sich auch früh im Herbste mit Schnee bedecken und ihn bis tief in den Frühling hinein behalten. Der Sommer aber nimmt denselben immer weg, und die Felsen glänzen freundlich im Sonnenscheine, und die tiefer gelegenen Wälder zeigen ihr sanftes Grün von breiten blauen Schatten durchschnitten, die so schön sind, daß man sich in seinem Leben nicht satt daran sehen kann.

An den andern Seiten des Tales, nämlich von Mitternacht, Morgen und Abend her, sind die Berge langgestreckt und niederer, manche Felder und Wiesen steigen ziemlich hoch hinauf, und oberhalb ihrer sieht man verschiedene Waldblößen, Alpenhütten und dergleichen, bis sie an ihrem Rande mit feingezacktem Walde am Himmel hingehen, welche Auszackung eben ihre geringe Höhe anzeigt, während die mittäglichen Berge, obwohl sie noch großartigere Wälder hegen, doch mit einem ganz glatten Rande an dem glänzenden Himmel hinstreichen.

Wenn man so ziemlich mitten in dem Tale steht, so hat man die Empfindung, als ginge nirgends ein Weg in dieses Becken herein und keiner daraus hinaus; allein diejenigen, welche öfter im Gebirge gewesen sind, kennen diese Täuschung gar wohl: in der

Tat führen nicht nur verschiedene Wege, und darunter sogar manche durch die Verschiebungen der Berge fast auf ebenem Boden, in die nördlichen Flächen hinaus; sondern gegen Mittag, wo das Tal durch steilrechte Mauern fast geschlossen scheint, geht sogar ein Weg über den obbenannten Hals.

Das Dörflein heißt Gschaid, und der Schneeberg, der auf seine Häuser herabschaut, heißt Gars.

Jenseits des Halses liegt ein viel schöneres und blühenderes Tal, als das von Gschaid ist, und es führt von der Unglücksäule der gebahnte Weg hinab. Es hat an seinem Eingange einen stattlichen Marktflecken, Millsdorf, der sehr groß ist, verschiedene Werke hat und in manchen Häusern städtische Gewerbe und Nahrung treibt. Die Bewohner sind viel wohlhabender als die in Gschaid, und obwohl nur drei Wegstunden zwischen den beiden Tälern liegen, was für die an große Entfernungen gewöhnten und Mühseligkeiten liebenden Gebirgsbewohner eine unbedeutende Kleinigkeit ist, so sind doch Sitten und Gewohnheiten in den beiden Tälern so verschieden, selbst der äußere Anblick derselben ist so ungleich, als ob eine große Anzahl Meilen zwischen ihnen läge. Das ist in Gebirgen sehr oft der Fall und hängt nicht nur von der verschiedenen Lage der Täler gegen die Sonne ab, die sie oft mehr oder weniger begünstigt, sondern auch von dem Geiste der Bewohner, der durch gewisse Beschäftigungen nach

Dirk Bouts: Anbetung der Könige

dieser oder jener Richtung gezogen wird. Darin stimmen aber alle überein, daß sie an Herkömmlichkeiten und Väterweise hängen, großen Verkehr leicht entbehren, ihr Tal außerordentlich lieben und ohne demselben kaum leben können.

Es vergehen oft Monate, oft fast ein Jahr, ehe ein Bewohner von Gschaid in das jenseitige Tal hinüberkömmt und den großen Marktflecken Millsdorf besucht. Die Millsdorfer halten es ebenso, obwohl sie ihrerseits doch Verkehr mit dem Lande draußen pflegen und daher nicht so abgeschieden sind wie die Gschaider. Es geht sogar ein Weg, der eine Straße heißen könnte, längs ihres Tales, und mancher Reisende und mancher Wanderer geht hindurch, ohne nur im geringsten zu ahnen, daß mitternachtwärts seines Weges, jenseits des hohen, herabblickenden Schneebergs, noch ein Tal sei, in dem viele Häuser zerstreut sind und in dem das Dörflein mit dem spitzigen Kirchturme steht.

Unter den Gewerben des Dorfes, welche bestimmt sind, den Bedarf des Tales zu decken, ist auch das eines Schusters, das nirgends entbehrt werden kann, wo die Menschen nicht in ihrem Urzustande sind. Die Gschaider aber sind so weit über diesem Stande, daß sie recht gute und tüchtige Gebirgsfußbekleidung brauchen. Der Schuster ist mit einer kleinen Ausnahme der einzige im Tale. Sein Haus steht auf dem Platze in Gschaid, wo überhaupt die besseren stehen, und schaut mit seinen grauen Mauern, weißen Fenstersimsen und grün angestrichenen Fensterläden auf die vier Linden hinaus. Es hat im Erdgeschosse die Arbeitsstube, die Gesellenstube, eine größere und kleinere Wohnstube, ein Verkaufstübchen nebst Küche und Speisekammer und allen zugehörigen Gelassen; im ersten Stockwerk oder eigentlich im Raume des Giebels hat es die Oberstube oder eigentliche Prunkstube. Zwei Prachtbetten, schöne, geglättete Kästen mit Kleidern stehen da, dann ein Gläserkästchen mit Geschirren, ein Tisch mit eingelegter Arbeit, gepolsterte Sessel, ein Mauerkästchen mit den Ersparnissen, dann hängen an den Wänden Heiligenbilder, zwei schöne Sackuhren, gewonnene Preise im Schießen, und endlich sind auch Scheibengewehre und Jagdbüchsen nebst ihrem Zugehöre in einem eigenen, mit Glastafeln versehenen Kasten aufgehängt. An das Schusterhaus ist ein kleineres Häuschen, nur durch den Einfahrtsschwibbogen getrennt, angebaut, welches genau dieselbe Bauart hat und zum Schusterhause wie ein Teil zum Ganzen gehört. Es hat nur eine Stube mit den dazugehörigen Wohnteilen. Es hat die Bestimmung, dem Hausbesitzer, sobald er das Anwesen seinem Sohne oder Nachfolger übergeben hat, als sogenanntes Ausnahmstübchen zu dienen, in welchem er mit seinem Weibe so lange haust, bis beide gestorben sind, die Stube wieder leersteht und auf einen neuen Bewohner wartet. Das Schusterhaus hat nach rückwärts Stall und Scheune; denn jeder Talbewohner ist, selbst wenn er ein Gewerbe treibt, auch Landbebauer und zieht hieraus seine gute und nachhaltige Nahrung. Hinter diesen Gebäuden ist endlich der Garten, der fast bei keinem besseren Hause in Gschaid fehlt und von dem sie ihre Gemüse, ihr Obst und für festliche Gelegenheiten ihre Blumen ziehen. Wie oft im Gebirge, so ist auch in Gschaid die Bienenzucht in diesen Gärten sehr verbreitet.

Die kleine Ausnahme, deren oben Erwähnung geschah, und die Nebenbuhlerschaft der Alleinherrlichkeit des Schusters ist ein anderer Schuster, der alte Tobias, der aber eigentlich kein Nebenbuhler ist, weil er nur mehr flickt, hierin viel zu tun hat und es sich nicht im entferntesten beikommen läßt, mit dem vornehmen Platzschuster in einen Wettstreit einzugehen, insbesondere da der Platzschuster ihn häufig mit Lederflecken, Sohlenabschnitten und dergleichen Dingen unentgeltlich versieht. Der alte Tobias sitzt im Sommer am Ende des Dörfchens unter Holunderbüschen und arbeitet. Er ist umringt von Schuhen und Bundschuhen, die aber sämtlich alt, grau, kotig und zerrissen sind. Stiefel mit langen Röhren sind nicht da, weil sie im Dorfe und in der Gegend nicht getragen werden; nur zwei Personen haben solche, der Pfarrer und der Schullehrer, welche aber beides, flicken und neue Ware machen, nur bei dem Platzschuster lassen. Im Winter sitzt der alte Tobias in seinem Stübchen hinter den Holunderstauden und hat warm geheizt, weil das Holz in Gschaid nicht teuer ist.

Der Platzschuster ist, ehe er das Haus angetreten hat, ein Gemsewildschütze gewesen und hat überhaupt in seiner Jugend, wie die Gschaider sagen, nicht gut getan. Er war in der Schule immer einer der besten Schüler gewesen, hatte dann von seinem Vater das Handwerk gelernt, ist auf Wanderung gegangen und ist endlich wieder zurückgekehrt. Statt, wie es sich für einen Gewerbsmann ziemt und wie sein Vater es zeitlebens getan, einen schwarzen Hut zu tragen, tat er einen grünen auf, steckte noch alle bestehenden Federn darauf und stolzierte mit ihm und mit dem kürzesten Lodenrocke, den es im Tale gab, umher, während sein Vater immer einen Rock von dunkler, womöglich schwarzer Farbe hatte, der auch, weil er einem Gewerbsmanne angehörte, immer sehr weit herabgeschnitten sein mußte. Der junge Schuster war auf allen Tanzplätzen und Kegelbahnen zu sehen. Wenn ihm jemand eine gute Lehre gab, so pfiff er ein Liedlein. Er ging mit seinem Scheibengewehre zu allen Schießen der Nachbarschaft und brachte manchmal einen Preis nach Hause, was er für einen großen Sieg hielt. Der Preis bestand meistens aus Münzen, die künstlich gefaßt waren und zu deren Gewinnung der Schuster mehr gleiche Münzen ausgeben mußte, als der Preis enthielt, besonders da er wenig haushälterisch mit dem Gelde war. Er ging auf alle Jagden, die in der Gegend abgehalten wurden, und hatte sich den Namen eines guten Schützen erworben. Er ging aber auch manchmal allein mit seiner Doppelbüchse und mit Steigeisen fort, und einmal sagte man, daß er eine schwere Wunde im Kopfe erhalten habe.

In Millsdorf war ein Färber, welcher gleich am Anfang des Marktfleckens, wenn man auf dem Wege von Gschaid hinüberkam, ein sehr ansehnliches Gewerbe hatte, mit vielen Leuten und sogar, was im Tale etwas Unerhörtes war, mit Maschinen arbeitete. Außerdem besaß er noch eine ausgebreitete Feldwirtschaft. Zu der Tochter dieses reichen Färbers ging der Schuster über das Gebirge, um sie zu gewinnen. Sie war wegen ihrer Schönheit weit und breit berühmt, aber auch wegen ihrer Eingezogenheit, Sittsamkeit und Häuslichkeit belobt. Dennoch, hieß es, soll der Schuster ihre Aufmerksamkeit erregt haben. Der Färber ließ ihn nicht in sein Haus kommen; und hatte die schöne Tochter schon früher keine öffentlichen Plätze und Lustbarkeiten besucht und war selten außer dem Hause ihrer Eltern zu sehen gewesen: so ging sie jetzt schon gar nirgends mehr hin als in die Kirche oder in ihrem Garten oder in den Räumen des Hauses herum.

Einige Zeit nach dem Tode seiner Eltern, durch welchen ihm das Haus derselben zugefallen war, das er nun allein bewohnte, änderte sich der Schuster gänzlich. So wie er früher getollt hatte, so saß er jetzt in seiner Stube und hämmerte Tag und Nacht an seinen Sohlen. Er setzte prahlend einen Preis darauf, wenn es jemand gäbe, der besser Schuhe und Fußbekleidungen machen könne. Er nahm keine andern Arbeiter als die besten und trillte sie noch sehr herum, wenn sie in seiner Werkstätte arbeiteten, daß sie ihm folgten und die Sache so einrichteten, wie er befahl. Wirklich brachte er es jetzt auch dahin, daß nicht nur das ganze Dorf Gschaid, das zum größten Teile die Schusterarbeit aus benachbarten Tälern bezogen hatte, bei ihm arbeiten ließ, daß das ganze Tal bei ihm arbeiten ließ und daß endlich sogar einzelne von Millsdorf und andern Tälern hereinkamen und sich ihre Fußbekleidungen von dem Schuster in Gschaid machen ließen. Sogar in die Ebene hinaus verbreitete sich sein Ruhm, daß manche, die in die Gebirge gehen wollten, sich die Schuhe dazu von ihm machen ließen.

Er richtete das Haus sehr schön zusammen, und in dem Warengewölbe glänzten auf den Brettern die Schuhe, Bundstiefel und Stiefel; und wenn am Sonntage die ganze Bevölkerung des Tales hereinkam und man bei den vier Linden des Platzes stand, ging man gerne zu dem Schusterhause hin und sah durch die

Gläser in die Warenstube, wo die Käufer und Besteller waren.

Nach seiner Vorliebe zu den Bergen machte er auch jetzt die Gebirgsbundschuhe am besten. Er pflegte in der Wirtsstube zu sagen: es gäbe keinen, der ihm einen fremden Gebirgsbundschuh zeigen könne, der sich mit einem seinigen vergleichen lasse. »Sie wissen es nicht«, pflegte er beizufügen, »sie haben es in ihrem Leben nicht erfahren, wie ein solcher Schuh sein muß, daß der gestirnte Himmel der Nägel recht auf der Sohle sitze und das gebührende Eisen enthalte, daß der Schuh außen hart sei, damit kein Geröllstein, wie scharf er auch sei, empfunden werde, und daß er sich von innen doch weich und zärtlich wie ein Handschuh an die Füße lege.«

Der Schuster hatte sich ein sehr großes Buch machen lassen, in welches er alle verfertigte Ware eintrug, die Namen derer beifügte, die den Stoff geliefert und die Ware gekauft hatten, und ein kurze Bemerkung über die Güte des Erzeugnisses beischrieb. Die gleichartigen Fußbekleidungen hatten ihre fortlaufenden Zahlen, und das Buch lag in der großen Lade seines Gewölbes.

Wenn die schöne Färberstochter von Millsdorf auch nicht aus der Eltern Hause kam, wenn sie auch weder Freunde noch Verwandte besuchte, so konnte es der Schuster von Gschaid doch so machen, daß sie ihn von ferne sah, wenn sie in die Kirche ging, wenn sie in dem Garten war und wenn sie aus den Fenstern ihres Zimmers auf die Matten blickte. Wegen dieses unausgesetzten Sehens hatte es die Färberin durch langes, inständiges und ausdauerndes Flehen für ihre Tochter dahin gebracht, daß der halsstarrige Färber nachgab und daß der Schuster, weil er denn nun doch besser geworden, die schöne, reiche Millsdorferin als Eheweib nach Gschaid führte. Aber der Färber war desungeachtet auch ein Mann, der seinen Kopf hatte. Ein rechter Mensch, sagte er, müsse sein Gewerbe treiben, daß es blühe und vorwärts komme, er müsse daher sein Weib, seine Kinder, sich und sein Gesinde ernähren, Hof und Haus im Stande des Glaubens halten und sich noch ein Erkleckliches erübrigen, welches letztere doch allein imstande sei, ihm Ansehen und Ehre in der Welt zu geben; darum erhalte seine Tochter nichts als eine vortreffliche Ausstattung, das andere ist Sache des Ehemanns, daß er es mache und für alle Zukunft es besorge. Die Färberei in Millsdorf und die Landwirtschaft auf dem Färberhause sei für sich ein ansehnliches und ehrenwertes Gewerbe, das seiner Ehre willen bestehen und wozu alles, was da sei, als Grundstock dienen müsse, daher er nichts weggebe. Wenn einmal er und sein Eheweib, die Färberin, tot seien, dann gehöre Färberei und Landwirtschaft in Millsdorf ihrer einzigen Tochter, nämlich der Schusterin in Gschaid, und Schuster und Schusterin könnten dann damit tun, was sie wollten: aber alles dieses nur, wenn die Erben es wert wären, das Erbe zu empfangen; wären sie es nicht wert, so gingen das Erbe auf die Kinder derselben, und wenn keine vorhanden wären, mit der Ausnahme des lediglichen Pflichtteils auf andere Verwandte über. Der Schuster verlangte auch nichts, er zeigte im Stolze, daß es ihm nur um die schöne Färberstochter in Millsdorf zu tun gewesen und daß er sie schon ernähren und erhalten könne, wie sie zu Hause ernährt und erhalten worden ist. Er kleidete sie als sein Eheweib nicht nur schöner als alle Gschaiderinnen und alle Bewohnerinnen des Tales, sondern auch schöner, als sie sich je zu Hause getragen hatte, und Speise, Trank und übrige Behandlung mußte besser und rücksichtsvoller sein, als sie das gleiche im väterlichen Hause genossen hatte. Und um dem Schwiegervater zu trotzen, kaufte er mit erübrigten Summen nach und nach immer mehr Grundstücke so ein, daß er einen tüchtigen Besitz beisammen hatte.

Weil die Bewohner von Gschaid so selten aus ihrem Tale kommen und nicht einmal oft nach Millsdorf hinübergehen, von dem sie durch Bergrücken und durch Sitten geschieden sind, weil ferner ihnen gar kein Fall vorkömmt, daß ein Mann sein Tal verläßt und sich in dem benachbarten ansiedelt (Ansiedlungen in großen Entfernungen kommen öfter vor), weil endlich auch kein Weib oder Mädchen gerne von einem Tale in ein anderes auswandert, außer in dem ziemlich seltenen Falle, wenn sie der Liebe folgt und als Eheweib und zu dem Ehemann in ein anderes Tal kömmt: so geschah es, daß die schöne Färberstochter von Millsdorf, da sie Schusterin in Gschaid geworden war, doch immer von allen Gschaidern als Fremde angesehen wurde, und wenn man ihr auch nichts Übel antat, ja wenn man sie ihres schönen Wesens und ihrer Sitten wegen sogar liebte, doch immer etwas vorhanden war, das wie Scheu oder, wenn man will, wie Rücksicht aussah und nicht zu dem Innigen und Gleichartigen kommen ließ, wie Gschaiderinnen gegen Gschaiderinnen, Gschaider gegen Gschaider hatten. Es war so, ließ sich nicht abstellen und wurde durch die bessere Tracht und durch das erleichterte häusliche Leben der Schusterin noch vermehrt.

Sie hatte ihrem Manne nach dem ersten Jahre einen Sohn und in einigen Jahren darauf ein Töchterlein geboren. Sie glaubte aber, daß er die Kinder nicht so liebe, wie sie sich vorstellte, daß es sein solle, und wie sie sich bewußt war, daß sie dieselben liebe; denn sein Angesicht war meistens ernsthaft und mit seinen Arbeiten beschäftigt. Er spielte und tändelte selten mit den Kindern und sprach stets ruhig mit ihnen, gleichsam so, wie man mit Erwachsenen spricht. Was Nahrung und Kleidung und andere äußere Dinge anbelangte, hielt er die Kinder untadelich.

In der ersten Zeit der Ehe kam die Färberin öfter nach Gschaid, und die jungen Eheleute besuchten auch Millsdorf zuweilen bei Kirchweihen oder anderen festlichen Gelegenheiten. Als aber die Kinder auf der Welt waren, war die Sache anders geworden. Wenn schon Mütter ihre Kinder lieben und sich nach ihnen sehnen, so ist dieses von Großmüttern öfter in noch höherem Grade der Fall; sie verlangen zuweilen mit wahrlich krankhafter Sehnsucht nach ihren Enkeln. Die Färberin kam sehr oft nach Gschaid herüber, um die Kinder zu sehen, ihnen Geschenke zu bringen, eine Weile dazubleiben und dann mit guten Ermahnungen zu scheiden. Da aber das Alter und die Gesundheitsumstände der Färberin die öfteren Fahrten nicht mehr so möglich machten und der Färber aus dieser Ursache Einsprache tat, wurde auf etwas anderes gesonnen, die Sache wurde umgekehrt, und die Kinder kamen jetzt zur Großmutter. Die Mutter brachte sie selber öfter in einem Wagen, öfter aber wurden sie, da sie noch im zarten Alter waren, eingemummt einer Magd mitgegeben, die sie in einem Fuhrwerke über den Hals brachte. Als sie aber größer waren, gingen sie zu Fuße entweder mit der Mutter oder mit einer Magd nach Millsdorf, ja, da der Knabe geschickt, stark und klug geworden war, ließ man ihn allein den bekannten Weg über den Hals gehen, und wenn es sehr schön war und er bat, erlaubte man auch, daß ihn die kleine Schwester begleite. Dies ist bei den Gschaidern gebräuchlich, weil sie an starkes Fußgehen gewöhnt sind und die Eltern überhaupt, namentlich aber ein Mann wie der Schuster, es gerne sehen und eine Freude daran haben, wenn ihre Kinder tüchtig werden.

So geschah es, daß die zwei Kinder den Weg über den Hals öfter zurücklegten als die übrigen Dörfler zusammengenommen, und da schon ihre Mutter in Gschaid immer gewissermaßen wie eine Fremde behandelt wurde, so wurden durch diesen Umstand auch die Kinder fremd, sie waren kaum Gschaider und gehörten halb nach Millsdorf hinüber.

Der Knabe Konrad hatte schon das ernste Wesen seines Vaters, und das Mädchen Susanna, nach ihrer Mutter so genannt, oder, wie man es zur Abkürzung nannte, Sanna hatte viel Glauben zu seinen Kenntnissen, seiner Einsicht und seiner Macht und gab sich unbedingt unter seine Leitung, geradeso wie die Mutter sich unbedingt unter die Leitung des Vaters gab, dem sie alle Einsicht und Geschicklichkeit zutraute.

An schönen Tagen konnte man morgens die Kinder durch das Tal gegen Mittag wandern sehen, über die Wiese gehen und dort anlagen, wo der Wald des Halses gegen sie herschaut. Sie näherten sich dem

Walde, gingen auf seinem Wege allgemach über die Erhöhung hinan und kamen, ehe der Mittag eingetreten war, auf den offenen Wiesen auf der anderen Seite gegen Millsdorf hinunter. Konrad zeigte Sanna die Wiesen, die dem Großvater gehörten, dann gingen sie durch seine Felder, auf denen er ihr die Getreidearten erklärte, dann sahen sie auf Stangen unter dem Vorsprunge des Daches die langen Tücher zum Trocknen herabhängen, die sich im Winde schlängelten oder närrische Gesichter machten, dann hörten sie seine Walkmühle und seinen Lohstampf, die er an seinem Bache für Tuchmacher und Gerber angelegt hatte, dann bogen sie noch um eine Ecke der Felder und gingen im kurzen durch die Hintertür in den Garten der Färberei, wo sie von der Großmutter empfangen wurden. Diese ahnte immer, wenn die Kinder kamen, sah zu den Fenstern aus und erkannte sie von weitem, wenn Sannas rotes Tuch recht in der Sonne leuchtete.

Sie führte die Kinder dann durch die Waschstube und Presse in das Zimmer, ließ sie niedersetzen, ließ nicht zu, daß sie Halstücher oder Jäckchen lüfteten, damit sie sich nicht verkühlten, und behielt sie beim Essen da. Nach dem Essen durften sie sich lüften, spielen, durften in den Räumen des großväterlichen Hauses herumgehen oder sonst tun, was sie wollten, wenn es nur nicht unschicklich oder verboten war. Der Färber, welcher immer bei dem Essen war, fragte sie um ihre Schulgegenstände aus und schärfte ihnen besonders ein, was sie lernen sollten. Nachmittags wurden sie von der Großmutter schon, ehe die Zeit kam, zum Aufbruche getrieben, daß sie ja nicht zu spät kämen. Obgleich der Färber keine Mitgift gegeben hatte und vor seinem Tode von seinem Vermögen nichts wegzugeben gelobt hatte, glaubte sich die Färberin an diese Dinge doch nicht so strenge gebunden, und sie gab den Kindern nicht allein während ihrer Anwesenheit allerlei, worunter nicht selten ein Münzstück und zuweilen gar von ansehnlichem Werte war, sondern sie band ihnen auch immer zwei Bündelchen zusammen, in denen sich Dinge befanden, von denen sie glaubte, daß sie notwendig wären oder daß sie den Kindern Freude machen könnten. Und wenn oft die nämlichen Dinge im Schusterhause in Gschaid ohnedem in aller Trefflichkeit vorhanden waren, so gab sie die Großmutter in der Freude des Gebens doch, und die Kinder trugen sie als etwas Besonderes nach Hause. So geschah es nun, daß die Kinder am Heiligen Abende schon unwissend die Geschenke in Schachteln gut versiegelt und verwahrt nach Hause trugen, die ihnen in der Nacht einbeschert werden sollten.

Weil die Großmutter die Kinder immer schon vor der Zeit zum Fortgehen drängte, damit sie nicht zu spät nach Hause kämen, so erzielte sie hiedurch, daß die Kinder gerade auf dem Wege bald an dieser, bald an jener Stelle sich aufhielten. Sie saßen gerne an dem Haselnußgehege, das auf dem Halse ist, und schlugen mit Steinen Nüsse auf oder spielten, wenn keine Nüsse waren, mit Blättern oder mit Hölzlein oder mit den weichen braunen Zäpfchen, die im ersten Frühjahre von den Zweigen der Nadelbäume herabfielen. Manchmal erzählte Konrad dem Schwesterchen Geschichten, oder wenn sie zu der roten Unglücksäule kamen, führte er sie ein Stück auf dem Seitenwege links gegen die Höhen hinan und sagte ihr, daß man da auf den Schneeberg gelange, daß dort Felsen und Steine seien, daß die Gemsen herumspringen und große Vögel fliegen. Er führte sie oft über den Wald hinaus, sie betrachteten dann den dürren Rasen und die kleinen Sträucher der Heidekräuter; aber er führte sie wieder zurück und brachte sie immer vor der Abenddämmerung nach Hause, was ihm stets Lob eintrug.

Einmal war am Heiligen Abende, da die erste Morgendämmerung in dem Tale von Gschaid in Helle übergegangen war, ein dünner, trockener Schleier über den ganzen Himmel gebreitet, so daß man die ohnedem schiefe und ferne Sonne im Südosten nur als einen undeutlichen roten Flecken sah, überdies war an diesem Tage eine milde, beinahe laulichte Luft unbeweglich im ganzen Tale und auch an dem Himmel, wie die unveränderte und ruhige Gestalt der Wolken zeigte. Da sagte die Schustersfrau zu ihren Kindern: »Weil ein so angenehmer Tag ist, weil es so lange nicht geregnet hat und die Wege fest sind und weil es auch der Vater gestern unter der Bedingung erlaubt hat, wenn der heutige Tag dazu geeignet ist, so dürft ihr zur Großmutter nach Millsdorf gehen; aber ihr müßt den Vater noch vorher fragen.«

Die Kinder, welche noch in ihren Nachtkleidchen dastanden, liefen in die Nebenstube, in welcher der Vater mit einem Kunden sprach, und baten um die Wiederholung der gestrigen Erlaubnis, weil ein so schöner Tag sei. Sie wurde ihnen erteilt, und sie liefen wieder zur Mutter zurück.

Die Schustersfrau zog nun ihre Kinder vorsorglich an, oder eigentlich, sie zog das Mädchen mit dichten, gut verwahrenden Kleidern an; denn der Knabe begann sich selber anzukleiden und stand viel früher fertig da, als die Mutter mit dem Mädchen hatte ins reine kommen können. Als sie dieses Geschäft vollendet hatte, sagte sie:

»Konrad, gib wohl acht: weil ich dir das Mädchen mitgehen lasse, so müsset ihr beizeiten fortgehen, ihr müsset an keinem Platze stehenbleiben, und wenn ihr bei der Großmutter gegessen habt, so müsset ihr gleich wieder umkehren und nach Hause trachten; denn die Tage sind jetzt sehr kurz, und die Sonne geht gar bald unter.«

»Ich weiß es schon, Mutter«, sagte Konrad.

»Und siehe gut auf Sanna, daß sie nicht fällt oder sich erhitzt.«

»Ja, Mutter.«

»So, Gott behüt euch, und geht noch zum Vater und sagt, daß ihr jetzt fortgehet.«

Der Knabe nahm eine von seinem Vater kunstvoll aus Kalbfellen genähte Tasche an einem Riemen um die Schulter, und die Kinder gingen in die Nebenstube, um dem Vater Lebewohl zu sagen. Aus dieser kamen sie bald heraus und hüpften, von der Mutter mit einem Kreuze besegnet, fröhlich auf die Gasse.

Sie gingen schleunig längs des Dorfplatzes hinab und dann durch die Häusergasse und endlich zwischen den Planken der Obstgärten in das Freie hinaus. Die Sonne stand schon über dem mit milchigen Wolkenstreifen durchwobenen Wald der morgendlichen Anhöhen, und ihr trübes, rötliches Bild schritt durch die laublosen Zweige der Holzäpfelbäume mit den Kindern fort.

In dem ganzen Tale war kein Schnee, die größeren Berge, von denen er schon viele Wochen herabgeglänzt hatte, waren damit bedeckt, die kleineren standen in dem Mantel ihrer Tannenwälder und im Fahlrot ihrer entblößten Zweige unbeschneit und ruhig da. Der Boden war noch nicht gefroren, und er wäre vermöge der vorhergegangenen langen reglosen Zeit ganz trocken gewesen, wenn ihn nicht die Jahreszeit mit einer zarten Feuchtigkeit überzogen hätte, die ihn aber nicht schlüpfrig, sondern eher fest und widerprallend machte, daß sie leicht und gering darauf fortgingen. Das wenige Gras, welches noch auf den Wiesen und vorzüglich an den Wassergräben derselben war, stand in herbstlichem Ansehen. Es lag kein Reif und bei näherem Anblicke nicht einmal ein Tau, was nach der Meinung der Landleute baldigen Regen bedeutet.

Gegen die Grenzen der Wiesen zu war ein Gebirgsbach, über welchen ein hoher Steg führte. Die Kinder gingen auf den Steg und schauten hinab. Im Bache war schier kein Wasser, ein dünner Faden von sehr stark blauer Farbe ging durch die trockenen Kiesel des Gerölls, die wegen Regenlosigkeit ganz weiß geworden waren, und sowohl die Wenigkeit als auch die Farbe des Wassers zeigten an, daß in den größeren Höhen schon Kälte herrschen müsse, die den Boden verschließe, daß er mit seiner Erde das Wasser nicht trübe, und die das Eis erhärte, daß es in seinem Innern nur wenige klare Tropfen abgeben könne.

Von dem Stege liefen die Kinder durch die Gründe fort und näherten sich immer mehr den Waldungen.

Sie trafen endlich die Grenze des Holzes und gingen in demselben weiter.

Als sie in die höheren Wälder des Halses hinaufgekommen waren, zeigten sich die langen Furchen des

Fahrweges nicht mehr weich, wie es unten im Tale der Fall gewesen war, sondern sie waren fest, und zwar nicht aus Trockenheit, sondern, wie die Kinder sich bald überzeugten, weil sie gefroren waren. An manchen Stellen waren sie so überfroren, daß sie die Körper der Kinder trugen. Nach der Natur der Kinder gingen sie nun nicht mehr auf dem glatten Pfade neben dem Fahrwege, sondern in den Gleisen und versuchten, ob dieser oder jener Furchenaufwurf sie schon trage. Als sie nach Verlauf einer Stunde auf der Höhe des Halses angekommen waren, war der Boden bereits so hart, daß er klang und Schollen wie Steine hatte.

An der roten Unglücksäule des Bäckers bemerkte Sanna zuerst, daß sie heute gar nicht dastehe. Sie gingen zu dem Platze hinzu und sahen, daß der runde, rot angestrichene Balken, der das Bild trug, in dem dürren Grase liege, das wie dünnes Stroh an der Stelle stand und den Anblick der liegenden Säule verdeckte. Sie sahen zwar nicht ein, warum die Säule liege, ob sie umgeworfen worden oder ob sie von selber umgefallen sei, da sahen sie, daß sie an der Stelle, wo sie in die Erde ragte, sehr morsch war und daß sie daher sehr leicht habe umfallen können; aber da sie einmal lag, so machte es ihnen Freude, daß sie das Bild und die Schrift so nahe betrachten konnten, wie es sonst nie der Fall gewesen war. Als sie alles – Korb mit den Semmeln, die bleichen Hände des Bäckers, seine geschlossenen Augen, seinen grauen Rock und die umstehenden Tannen – betrachtet hatten, als sie die Schrift gelesen und laut gesagt hatten, gingen sie wieder weiter.

Abermals nach einer Stunde wichen die dunkeln Wälder zu beiden Seiten zurück, dünnstehende Bäume, teils einzelne Eichen, teils Birken und Gebüschgruppen, empfingen sie, geleiteten sie weiter, und nach kurzem liefen sie auf den Wiesen in das Millsdorfer Tal hinab.

Obwohl diese Tal bedeutend tiefer liegt als das von Gschaid und auch um so viel wärmer war, daß man die Ernte immer um vierzehn Tage früher beginnen konnte als in Gschaid, so war doch auch hier der Boden gefroren, und als die Kinder bis zu den Loh- und Walkwerken des Großvaters gekommen waren, lagen auf dem Wege, auf den die Räder oft Tropfen herausspritzten, schöne Eistäfelchen. Den Kindern ist das gewöhnlich ein sehr großes Vergnügen.

Die Großmutter hatte sie kommen gesehen, war ihnen entgegengegangen, nahm Sanna bei den erfrorenen Händchen und führte sie in die Stube.

Sie nahm ihnen die wärmeren Kleider ab, sie ließ in dem Ofen nachlegen und fragte sie, wie es ihnen im Herübergehen gegangen sei.

Als sie hierauf die Antwort erhalten hatte, sagte sie: »Das ist schon recht, das ist gut, es freut mich gar sehr, daß ihr wieder gekommen seid; aber heute müßt ihr bald fort, der Tag ist kurz, und es wird auch kälter, am Morgen war es in Millsdorf nicht gefroren.«

»In Gschaid auch nicht«, sagte der Knabe.

»Siehst du, darum müßt ihr euch sputen, daß euch gegen Abend nicht zu kalt wird«, antwortete die Großmutter.

Hierauf fragte sie, was die Mutter mache, was der Vater mache und ob nichts Besonderes in Gschaid geschehen sei.

Nach diesen Fragen bekümmerte sie sich um das Essen, sorgte, daß es früher bereitet wurde als gewöhnlich, und richtete selber den Kindern kleine Leckerbissen zusammen, von denen sie wußte, daß sie eine Freude damit erregen würde. Dann wurde der Färber gerufen, die Kinder bekamen an dem Tische aufgedeckt wie große Personen und aßen nun mit Großvater und Großmutter, und die letzte legte ihnen hiebei besonders Gutes vor. Nach dem Essen streichelte sie Sannas unterdessen sehr rot gewordenen Wangen.

Hierauf ging sie geschäftig hin und her und steckte das Kalbfellränzchen des Knaben voll und steckte ihm noch allerlei in die Taschen. Auch in die Täschchen von Sanna tat sie allerlei Dinge. Sie gab jedem ein Stück Brot, es auf dem Wege zu verzehren, und in dem Ränzchen, sagte sie, seien noch zwei Weißbrote, wenn etwa der Hunger zu groß würde.

»Für die Mutter habe ich einen guten gebrannten Kaffee mitgegeben«, sagte sie, »und in dem Fläschchen, das zugestopft und gut verbunden ist, befindet sich auch ein schwarzer Kaffeeaufguß, ein besserer, als die Mutter bei euch gewöhnlich macht, sie soll ihn nur kosten, wie er ist, er ist eine wahre Arznei, so kräftig, daß nur ein Schlückchen den Magen so wärmt, daß es den Körper in den kältesten Wintertagen nicht frieren kann. Die andern Sachen, die in der Schachtel und in den Papieren im Ränzchen sind, bringt unversehrt nach Hause.«

Da sie noch ein Weilchen mit den Kindern geredet hatte, sagte sie, daß sie gehen sollten.

»Habe acht, Sanna«, sagte sie, »daß du nicht frierst, erhitze dich nicht; und daß ihr nicht über die Wiesen hinauf und unter den Bäumen lauft. Etwa kömmt gegen Abend ein Wind, da müßt ihr langsamer gehen. Grüßet Vater und Mutter und sagt, sie sollen recht glückliche Feiertage haben.« Die Großmutter küßte beide Kinder auf die Wangen und schob sie durch die Tür hinaus. Nichtsdestoweniger ging sie aber auch selber mit, geleitete sie durch den Garten, ließ sie durch das Hinterpförtchen hinaus, schloß wieder und ging in das Haus zurück.

Die Kinder gingen an den Eistäfelchen neben den Werken des Großvaters vorbei, sie gingen durch die Millsdorfer Felder und wendeten sich gegen die Wiesen hinan.

Als sie auf den Anhöhen gingen, wo, wie gesagt wurde, zerstreute Bäume und Gebüschgruppen standen, fielen äußerst langsam einzelne Schneeflokken.

»Siehst du Sanna«, sagte der Knabe, »ich habe es gleich gedacht, daß wir Schnee bekommen, weißt du, da wir von Hause weggingen, sahen wir noch die Sonne, die so blutrot war wie eine Lampe bei dem Heiligen Grabe, und jetzt ist nichts mehr von ihr zu erblicken, und nur der graue Nebel ist über den Baumwipfeln oben. Das bedeutet allemal Schnee.«

Die Kinder gingen freudiger fort, und Sanna war recht froh, wenn sie mit dem dunkeln Ärmel ihres Röckchens eine der fallenden Flocken auffangen konnte und wenn dieselbe recht lange auf dem Ärmel zerfloß. Als sie endlich an dem äußersten Rand der Millsdorfer Höhen angekommen waren, wo es gegen die dunkeln Tannen des Halses hineingeht, war die dichte Waldwand schon recht lieblich gesprenkelt von den immer reichlicher herabfallenden Flocken. Sie gingen nunmehr in den dicken Wald hinein, der den größten Teil ihrer noch bevorstehenden Wanderung einnahm.

Es geht von dem Waldrande noch immer aufwärts, und zwar bis man zur roten Unglücksäule kömmt, von wo sich, wie schon oben angedeutet wurde, der Weg gegen das Tal von Gschaid hinabwendet. Die Erhebung des Waldes von der Millsdorfer Seite aus ist sogar so steil, daß der Weg nicht gerade hinangeht, sondern daß er in sehr langen Abweichungen von Abend nach Morgen und von Morgen nach Abend hinanklimmt. An der ganzen Länge des Weges hinauf zur Säule und hinab bis zu den Wiesen von Gschaid sind hohe, dichte, ungelichtete Waldbestände, und sie werden erst ein wenig dünner, wenn man in die Ebene gelangt ist und gegen die Wiesen des Tales von Gschaid hinauskömmt. Der Hals ist auch, wenn er gleich nur eine kleine Verbindung zwischen zwei großen Gebirgshäuptern abgibt, doch selbst so groß, daß er, in die Ebene gelegt, einen bedeutenden Gebirgsrücken abgeben würde.

Das erste, was die Kinder sahen, als sie die Waldung betraten, war, daß der gefrorene Boden sich grau zeigte, als ob er mit Mehl besät wäre, daß die Fahne manches dünnen Halmes des am Wege hin und zwischen den Bäumen stehenden dürren Grases mit Flocken beschwert war, und daß auf den verschiedenen grünen Zweigen der Tannen und Fichten, die sich wie Hände öffneten, schon weiße Fläumchen saßen.

»Schneit es denn jetzt bei dem Vater zu Hause auch?« fragte Sanna.

»Freilich«, antwortete der Knabe, »es wird auch kälter, und du wirst sehen, daß morgen der ganze Teich gefroren ist.«

»Ja, Konrad«, sagte das Mädchen.

Jan Breughel: Anbetung der Könige

Es verdoppelte beinahe seine kleinen Schritte, um mit denen des dahinschreitenden Knaben gleichbleiben zu können. Sie gingen nun rüstig in den Windungen fort, jetzt von Abend nach Morgen, jetzt von Morgen nach Abend. Der von der Großmutter vorausgesagte Wind stellte sich nicht ein, im Gegenteile war es so stille, daß sich nicht ein Ästchen oder Zweig rührte, ja sogar, es schien im Walde wärmer, wie es in lockeren Körpern, dergleichen ein Wald auch ist, immer im Winter zu sein pflegt, und die Schneeflocken fielen stets reichlicher, so daß der ganze Boden schon weiß war, daß der Wald sich grau zu bestäuben anfing und daß auf dem Hute und den Kleidern des Knaben sowie auf denen des Mädchens der Schnee lag.

Die Freude der Kinder war sehr groß. Sie traten auf den weichen Flaum, suchten mit dem Fuße absichtlich solche Stellen, wo er dichter zu liegen schien, um dorthin zu treten und sich den Anschein zu geben, als wateten sie bereits. Sie schüttelten den Schnee nicht von den Kleidern ab.

Es war große Ruhe eingetreten. Von den Vögeln, deren doch manche auch zuweilen im Winter in dem Walde hin und her fliegen und von denen die Kinder im Herübergehen sogar mehrere zwitschern gehört hatten, war nichts zu vernehmen, sie sahen auch keine auf irgendeinem Zweige sitzen oder fliegen, und der ganze Wald war gleichsam ausgestorben.

Weil nur die bloßen Fußstapfen der Kinder hinter ihnen blieben und weil vor ihnen der Schnee rein und unverletzt war, so war daraus zu erkennen, daß sie die einzigen waren, die heute über den Hals gingen.

Sie gingen in ihrer Richtung fort, sie näherten sich öfter den Bäumen, öfter entfernten sie sich, und wo dichtes Unterholz war, konnten sie den Schnee auf den Zweigen liegen sehen.

Ihre Freude wuchs noch immer; denn die Flocken fielen stets dichter, und nach kurzer Zeit brauchten sie nicht mehr den Schnee aufzusuchen, um in ihm zu waten; denn er lag schon so dicht, daß sie ihn überall weich unter den Sohlen empfanden und daß er sich bereits um ihre Schuhe zu legen begann; und wenn es so ruhig und heimlich war, so war es, als ob sie das Knistern des in die Nacht herabfallenden Schnees vernehmen könnten.

»Werden wir heute auch die Unglücksäule sehen?« fragte das Mädchen, »sie ist ja umgefallen, und da wird es darauf schneien, und da wird die rote Farbe weiß sein.«

»Darum können wir sie doch sehen«, antwortete der Knabe, »wenn auch der Schnee auf sie fällt und wenn sie auch weiß ist, so müssen wir sie liegen sehen, weil sie eine dicke Säule ist und weil sie das schwarze eiserne Kreuz auf der Spitze hat, das doch immer herausragen wird.«

»Ja, Konrad.«

Indessen, da sie noch weitergegangen waren, war der Schneefall so dicht geworden, daß sie nur mehr die allernächsten Bäume sehen konnten.

Von der Härte des Weges oder gar von Furchenaufwerfungen war nichts zu empfinden, der Weg war vom Schnee überall gleich weich und war überhaupt nur daran zu erkennen, daß er als ein gleichmäßiger weißer Streifen in dem Walde fortlief. Auf allen Zweigen lag schon die schöne weiße Hülle.

Die Kinder gingen jetzt mitten auf dem Wege, sie furchten den Schnee mit ihren Füßlein und gingen langsamer, weil das Gehen beschwerlicher ward. Der Knabe zog seine Jacke empor an dem Halse zusammen, damit ihm nicht der Schnee in den Nacken falle, und er setzte den Hut tiefer in das Haupt, daß er geschützter sei. Er zog auch seinem Schwesterlein das Tuch, das ihm die Mutter um die Schulter gegeben hatte, besser zusammen und zog es ihm mehr vorwärts in die Stirn, daß es ein Dach bilde.

Der von der Großmutter vorausgesagte Wind war noch immer nicht gekommen; aber dafür wurde der Schneefall nach und nach so dicht, daß auch nicht mehr die nächsten Bäume zu erkennen waren, sondern daß sie wie neblige Säcke in der Luft standen.

Die Kinder gingen fort. Sie duckten die Köpfe dichter in ihre Kleider und gingen fort.

Sanna nahm den Riemen, an welchem Konrad die

Kalbfelltasche um die Schulter hängen hatte, mit den Händchen, hielt sich daran, und so gingen sie ihres Weges.

Die Unglücksäule hatten sie noch immer nicht erreicht. Der Knabe konnte die Zeit nicht ermessen, weil keine Sonne am Himmel stand und weil es immer gleichmäßig grau war.

»Werden wir bald zu der Unglücksäule kommen?« fragte Sanna.

»Ich weiß es nicht«, antwortete der Knabe, »ich kann heute die Bäume nicht sehen und den Weg nicht erkennen, weil er so weiß ist. Die Unglücksäule werden wir wohl gar nicht sehen, weil so viel Schnee liegen wird, daß sie verhüllt sein wird und daß kaum ein Gräschen oder ein Arm des schwarzen Kreuzes hervorragen wird. Aber es macht nichts. Wir gehen immer auf dem Wege fort, der Weg geht zwischen den Bäumen, und wenn er zu dem Platze der Unglücksäule kömmt, dann wird er abwärts gehen, wir gehen auf ihm fort, und wenn er aus den Bäumen hinausgeht, dann sind wir schon auf den Wiesen von Gschaid, dann kömmt der Steg, und dann haben wir nicht mehr weit nach Hause.«

»Ja, Konrad«, sagte das Mädchen.

Sie gingen auf ihrem aufwärtsführenden Wege fort. Die hinter ihnen liegenden Fußstapfen waren jetzt nicht mehr lange sichtbar; denn die ungemeine Fülle des herabfallenden Schnees deckte sie bald zu, daß sie verschwanden. Der Schnee knisterte in seinem Falle nun auch nicht mehr in den Nadeln, sondern legte sich eilig und heimlich auf die weiße schon daliegende Decke nieder. Die Kinder nahmen die Kleider noch fester, um das immerwährende allseitige Hineinrieseln abzuhalten. Sie gingen sehr schleunig, und der Weg führte noch stets aufwärts.

Nach langer Zeit war noch immer die Höhe nicht erreicht, auf welcher die Unglücksäule stehen sollte und von wo der Weg gegen die Gschaider Seite sich hinunterwenden mußte.

Endlich kamen die Kinder in eine Gegend, in welcher keine Bäume standen.

»Ich sehe keine Bäume mehr«, sagte Sanna.

»Vielleicht ist nur der Weg so breit, daß wir sie wegen des Schneiens nicht sehen können«, antwortete der Knabe.

»Ja, Konrad«, sagte das Mädchen.

Nach einer Weile blieb der Knabe stehen und sagte: »Ich sehe selber keine Bäume mehr, wir müssen aus dem Walde gekommen sein, auch geht der Weg immer bergan. Wir wollen ein wenig stehenbleiben und herumsehen, vielleicht erblicken wir etwas.«

Aber sie erblickten nichts. Sie sahen durch einen trüben Raum in den Himmel. Wie bei dem Hagel über die weißen oder grünlich gedunsenen Wolken die finsteren fransenartigen Streifen herabstarren, so war es hier, und das stumme Schütten dauerte fort. Auf der Erde sahen sie nur einen runden Fleck Weiß und dann nichts mehr.

»Weißt du, Sanna«, sagte der Knabe, »wir sind auf dem dürren Grase, auf welches ich dich oft im Sommer heraufgeführt habe, wo wir saßen und wo wir den Rasen betrachteten, der nacheinander hinaufgeht, und wo die schönen Kräuterbüschel wachsen. Wir werden da jetzt gleich rechts hinabgehen!«

»Ja, Konrad.«

»Der Tag ist kurz, wie die Großmutter gesagt hat und wie du auch wissen wirst, wir müssen uns daher sputen.«

»Ja, Konrad«, sagte das Mädchen.

»Warte ein wenig, ich will dich besser einrichten«, erwiderte der Knabe.

Er nahm seinen Hut ab, setzte ihn Sanna auf das Haupt und befestigte ihn mit den beiden Bändchen unter ihrem Kinne. Das Tüchlein, welches sie umhatte, schützte sie zu wenig, während auf seinem Haupte eine solche Menge dichter Locken war, daß noch lange Schnee darauffallen konnte, ehe Nässe und Kälte durchzudringen vermochten. Dann zog er sein Pelzjäckchen aus und zog dasselbe über die Ärmelein der Schwester. Um seine eigenen Schultern und Arme, die jetzt das bloße Hemd zeigten, band er das kleine Tüchlein, das Sanna über die Brust, und das größere, das sie über die Schultern gehabt hatte. Das sei für ihn genug, dachte er, wenn er nur stark auftrete, werde ihn nicht frieren.

Er nahm das Mädchen bei der Hand, und so gingen sie jetzt fort. Das Mädchen schaute mit den willigen Äuglein in das ringsum herrschende Grau und folgte ihm gerne, nur daß es mit den kleinen, eilenden Füßlein nicht so nachkommen konnte, wie er vorwärts strebte gleich einem, der es zur Entscheidung bringen wollte.

Sie gingen nun mit der Unablässigkeit und Kraft, die Kinder und Tiere haben, weil sie nicht wissen, wieviel ihnen beschieden ist und wann ihr Vorrat erschöpft ist.

Aber wie sie gingen, so konnten sie nicht merken, ob sie über den Berg hinabkämen oder nicht. Sie hatten gleich rechts nach abwärts gebogen, allein sie kamen wieder in Richtungen, die bergan führten, bergan und wieder bergan. Oft begegneten ihnen Steilheiten, denen sie ausweichen mußten, und ein Graben, in dem sie fortgingen, führte sie in einer Krümmung herum. Sie erklommen Höhen, die sich unter ihren Füßen steiler gestalteten, als sie dachten, und was sie für abwärts hielten, war wieder eben, oder es war eine Höhlung, oder es ging immer gedehnt fort.

»Wo sind wir denn, Konrad?« fragte das Mädchen.

»Ich weiß es nicht«, antwortete er.

»Wenn ich nur mit diesen meinen Augen etwas zu erblicken imstande wäre«, fuhr er fort, »daß ich mich darnach richten könnte.«

Aber es war rings um sie nichts als das blendende Weiß, überall das Weiß, das aber selber nur einen immer kleineren Kreis um sie zog und dann in einen lichten, streifenweise niederfallenden Nebel überging, der jedes Weitere verzehrte und verhüllte und zuletzt nichts anderes war als der unersättlich niederfallende Schnee.

»Warte Sanna«, sagte der Knabe, »wir wollen ein wenig stehenbleiben und horchen, ob wir nicht etwas hören können, was sich im Tale meldet, sei es nun ein Hund oder eine Glocke oder die Mühle, oder sei es ein Ruf, der sich hören läßt; hören müssen wir etwas, und dann werden wir wissen, wohin wir zu gehen haben.«

Sie blieben nun stehen, aber sie hörten nichts. Sie blieben noch ein wenig länger stehen, aber es meldete sich nichts, es war nicht ein einziger Laut, auch nicht der leiseste, außer ihrem Atem zu vernehmen, ja in der Stille, die herrschte, war es, als sollten sie den Schnee hören, der auf ihre Wimpern fiel. Die Voraussage der Großmutter hatte sich noch immer nicht erfüllt, der Wind war nicht gekommen, ja, was in diesen Gegenden selten ist, nicht das leiseste Lüftchen rührte sich an dem ganzen Himmel.

Nachdem sie lange gewartet hatten, gingen sie wieder fort.

»Es tut auch nichts, Sanna«, sagte der Knabe, »sei nur nicht verzagt, folge mir, ich werde dich doch noch hinüberführen. – Wenn nur das Schneien aufhörte!«

Sie war nicht verzagt, sondern hob die Füßchen, so gut es gehen wollte, und folgte ihm. Er führte sie in dem weißen, lichten, regsamen, undurchsichtigen Raume fort.

Nach einer Weile sahen sie Felsen. Sie hoben sich dunkel und undeutlich aus dem weißen und undurchsichtigen Lichte empor. Da die Kinder sich näherten, stießen sie fast daran. Sie stiegen wie eine Mauer hinauf und waren ganz gerade, so daß kaum ein Schnee an ihrer Seite haften konnte.

»Sanna, Sanna«, sagte er, »da sind die Felsen, gehen wir nur weiter, gehen wir weiter.«

Sie gingen weiter, sie mußten zwischen die Felsen hinein und unter ihnen fort. Die Felsen ließen sie nicht rechts und nicht links ausweichen und führten sie in einem engen Wege dahin. Nach einer Zeit verloren sie dieselben wieder und konnten sie nicht mehr erblicken. So wie sie unversehens unter sie gekommen waren, kamen sie wieder unversehens von ihnen. Es war wieder nichts um sie als das Weiß, und ringsum war kein unterbrechendes Dunkel zu schauen. Es schien eine große Lichtfülle zu sein, und doch konnte man nicht drei Schritte vor sich sehen; alles war, wenn man so sagen darf, in eine einzige weiße Finsternis gehüllt, und weil kein Schatten war, so war kein Urteil über die Größe der Dinge, und die Kinder konnten nicht wissen, ob sie aufwärts oder abwärts gehen würden, bis eine Steilheit ihren Fuß faßte und ihn aufwärts zu gehen zwang.

»Mir tun die Augen weh«, sagte Sanna.

»Schaue nicht auf den Schnee«, antwortete der Knabe, »sondern in die Wolken. Mir tun sie schon lange weh; aber es tut nichts, ich muß doch auf den Schnee schauen, weil ich auf den Weg zu achten habe. Fürchte dich nur nicht, ich führe dich doch hinunter ins Gschaid.«

»Ja, Konrad.«

Sie gingen wieder fort; aber wie sie auch gehen mochten, wie sie sich auch wenden mochten, es wollte kein Anfang zum Hinabwärtsgehen kommen. An beiden Seiten waren steile Dachlehnen nach aufwärts, mitten gingen sie fort, aber auch immer aufwärts. Wenn sie den Dachlehnen entrannen und sich nach abwärts beugten, wurde es gleich so steil, daß sie wieder umkehren mußten, die Füßlein stießen oft auf Unebenheiten, und sie mußten häufig Büheln ausweichen. Sie merkten auch, daß ihr Fuß, wo er tiefer durch den jungen Schnee einsank, nicht erdigen Boden unter sich empfand, sondern etwas anderes, das wie älterer, gefrorener Schnee war; aber sie gingen immer fort, und sie liefen mit Hast und Ausdauer. Wenn sie stehenblieben, war alles still, unermeßlich still; wenn sie gingen, hörten sie das Rascheln ihrer Füße, sonst nichts; denn die Hüllen des Himmels sanken ohne Laut hernieder und so reich, daß man den Schnee hätte wachsen sehen können. Sie selber waren so bedeckt, daß sie sich von dem allgemeinen Weiß nicht hervorhoben und sich, wenn sie um ein paar Schritte getrennt worden wären, nicht mehr gesehen hätten.

Eine Wohltat war es, daß der Schnee so trocken war wie Sand, so daß er von ihren Füßen und den Bundschühlein und Strümpfen daran leicht abglitt und abrieselte, ohne Ballen und Nässe zu machen.

Endlich gelangten sie wieder zu Gegenständen.

Es waren riesenhaft große, sehr durcheinanderliegende Trümmer, die mit Schnee bedeckt waren, der überall in die Klüfte hineinrieselte, und an die sie sich ebenfalls fast anstießen, ehe sie sie sahen. Sie gingen ganz hinzu, die Dinge anzublicken.

Es war Eis – lauter Eis.

Es lagen Platten da, die mit Schnee bedeckt waren, an deren Seitenwänden aber das glatte grünliche Eis sichtbar war, es lagen Hügel da, die wie zusammengeschobener Schaum aussahen, an deren Seiten es aber matt nach einwärts flimmerte und glänzte, als wären Balken und Stangen von Edelsteinen durcheinandergeworfen worden, es lagen ferner gerundete Kugeln da, die ganz mit Schnee umhüllt waren, es standen Platten und andere Körper auch schief oder gerade aufwärts, so hoch wie der Kirchturm in Gschaid oder wie Häuser. In einigen waren Höhlen eingefressen, durch die man mit einem Arme durchfahren konnte, mit einem Kopfe, mit einem Körper, mit einem ganzen großen Wagen voll Heu. Alle diese Stücke waren zusammen- oder emporgedrängt und starrten, so daß sie oft Dächer bildeten oder Überhänge, über deren Ränder sich der Schnee herüberlegte und herabgriff wie lange weiße Tatzen. Selbst ein großer, schreckhaft schwarzer Stein, wie ein Haus, lag unter dem Eise und war emporgestellt, daß er auf der Spitze stand, daß kein Schnee an seinen Seiten liegen bleiben konnte. Und nicht dieser Stein allein – noch mehrere und größere staken in dem Eise, die man erst später sah und die wie eine Trümmermauer an ihm hingingen.

»Da muß recht viel Wasser gewesen sein, weil so viel Eis ist«, sagte Sanna.

»Nein, das ist von keinem Wasser«, antwortete der Bruder, »das ist das Eis des Berges, das immer oben ist, weil es so eingerichtet ist.«

»Ja, Konrad«, sagte Sanna.

»Wir sind jetzt bis zu dem Eise gekommen«, sagte der Knabe, »wir sind auf dem Berge, Sanna, weißt du, den man von unserm Garten aus im Sonnenscheine so weiß sieht. Merke gut auf, was ich dir sagen werde. Erinnerst du dich noch, wie wir oft nachmittags in dem Garten saßen, wie es recht schön war, wie die Bienen um uns summten, die Linden dufteten und die Sonne von dem Himmel schien?«

»Ja, Konrad, ich erinnere mich.«

»Da sahen wir auch den Berg. Wir sahen, wie er so blau war, so blau wie das sanfte Firmament, wir sahen den Schnee, der oben ist, wenn auch bei uns Sommer war, eine Hitze herrschte und die Getreide reif wurden.«

»Ja, Konrad.«

»Und unten, wo der Schnee aufhört, da sieht man allerlei Farben, wenn man genau schaut, grün, blau, weißlich – das ist das Eis, das unten nur so klein ausschaut, weil man sehr weit entfernt ist, und das, wie der Vater sagte, nicht weggeht bis an das Ende der Welt. Und da habe ich oft gesehen, daß unterhalb des Eises die blaue Farbe noch fortgeht, das werden Steine sein, dachte ich, oder es wird Erde und Weidegrund sein, und dann fangen die Wälder an, die gehen herab und immer weiter herab, man sieht auch allerlei Felsen in ihnen, dann folgen die Wiesen, die schon grün sind, und dann die grünen Laubwälder, und dann kommen unsere Wiesen und Felder, die in dem Tale von Gschaid sind. Siehst du nun, Sanna, weil wir jetzt bei dem Eise sind, so werden wir über die blaue Farbe hinabgehen, dann durch die Wälder, in denen die Felsen sind, dann über die Wiesen und dann durch die grünen Laubwälder, und dann werden wir in dem Tale von Gschaid sein und recht leicht unser Dorf finden.«

»Ja, Konrad«, sagte das Mädchen.

Die Kinder gingen nun in das Eis hinein, wo es zugänglich war.

Sie waren winzigkleine wandelnde Punkte in diesen ungeheuern Stücken.

Wie sie so unter die Überhänge hineinsahen, gleichsam als gäbe ihnen ein Trieb ein, ein Obdach zu suchen, gelangten sie in einen Graben, in einen breiten, tiefgefurchten Graben, der gerade aus dem Eise hervorging. Er sah aus wie das Brett eines Stromes, der aber jetzt ausgetrocknet und überall mit frischem Schnee bedeckt war. Wo er aus dem Eise hervorkam, ging er gerade unter einem Kellergewölbe heraus, das recht schön aus Eis über ihn gespannt war. Die Kinder gingen in dem Graben fort und gingen in das Gewölbe hinein und immer tiefer hinein. Es war ganz trocken, und unter ihren Füßen hatten sie glattes Eis. In der ganzen Höhlung aber war es blau, so blau, wie gar nichts in der Welt ist, viel tiefer und viel schöner blau als das Firmament, gleichsam wie himmelblau gefärbtes Glas, durch welches lichter Schein hineinsinkt. Es waren dickere und dünnere Bogen, es hingen Zacken, Spitzen und Troddeln herab, der Gang wäre noch tiefer zurückgegangen, sie wußten nicht wie tief, aber sie gingen nicht mehr weiter. Es wäre auch sehr gut in der Höhle gewesen, es war warm, es fiel kein Schnee, aber es war so schreckhaft blau, die Kinder fürchteten sich und gingen wieder hinaus. Sie gingen eine Weile in dem Graben fort und kletterten dann über seinen Rand hinaus.

Sie gingen an dem Eise hin, sofern es möglich war, durch das Getrümmer und zwischen den Platten durchzudringen.

»Wir werden jetzt da noch hinübergehen und dann von dem Eise abwärts laufen«, sagte Konrad.

»Ja«, sagte Sanna und klammerte sich an ihn an.

Sie schlugen von dem Eise eine Richtung durch den Schnee abwärts ein, die sie in das Tal führen sollte. Aber sie kamen nicht weit hinab. Ein neuer Strom von Eis, gleichsam ein riesenhaft aufgetürmter und aufgewölbter Wall, lag quer durch den weichen Schnee und griff gleichsam mit Armen rechts und links um sich herum. Unter der weißen Decke, die ihn verhüllte, glimmerte es seitwärts grünlich und bläulich und dunkel und schwarz und selbst gelblich und rötlich heraus. Sie konnten es nun auf weitere Strecken sehen, weil das ungeheure und unermüdliche Schneien sich gemildert hatte und nur mehr wie an gewöhnlichen Schneetagen vom Himmel fiel. Mit dem Starkmute der Unwissenheit kletterten sie in das Eis hinein, um den vorgeschobenen Strom desselben zu überschreiten und dann jenseits weiter hinabzukommen. Sie schoben sich in die Zwischenräume hinein, sie setzten den Fuß auf jedes Körperstück, das mit einer weißen Schneehaube versehen war, war es Fels oder Eis, sie nahmen die Hände zur Hilfe, krochen, wo sie nicht gehen konnten, und arbeiteten sich mit ihren leichten Körpern hinauf, bis sie die Seite des Walles überwunden hatten und oben waren.

Jenseits wollten sie wieder hinabklettern.

Aber es gab kein Jenseits.

So weit die Augen der Kinder reichen konnten, war lauter Eis. Es standen Spitzen und Unebenheiten und Schollen empor wie lauter furchtbares überschneites Eis. Statt ein Wall zu sein, über den man hinübergehen könnte und der dann wieder von Schnee abgelöst würde, wie sie sich unten dachten, stiegen aus der Wölbung neue Wände von Eis empor, geborsten und geklüftet, mit unzähligen blauen, geschlängelten Linien versehen, und hinter ihnen waren wieder solche Wände und hinter diesen wieder solche, bis der Schneefall das Weitere mit seinem Grau verdeckte.

»Sanna, da können wir nicht gehen«, sagte der Knabe.

»Nein«, antwortete die Schwester.

»Da werden wir wieder umkehren und anderswo hinabzukommen suchen.«

»Ja, Konrad.«

Die Kinder versuchten nun von dem Eiswalle wieder da hinabzukommen, wo sie hinaufgeklettert waren, aber sie kamen nicht hinab. Es war lauter Eis, als hätten sie die Richtung, in der sie gekommen waren, verfehlt. Sie wandten sich hierhin und dorthin und konnten aus dem Eise nicht herauskommen, als wären sie von ihm umschlungen. Sie kletterten abwärts und kamen wieder in Eis. Endlich, da der Knabe die Richtung immer verfolgte, in der sie nach seiner Meinung gekommen waren, gelangten sie in zerstreutere Trümmer, aber sie waren auch größer und furchtbarer, wie sie gerne am Rande des Eises zu sein pflegen, und die Kinder gelangten kriechend und kletternd hinaus. An dem Eisessaume waren ungeheure Steine, sie waren gehäuft, wie sie die Kinder ihr Leben lang nicht gesehen hatten. Viele waren in Weiß gehüllt, viele zeigten die unteren, schiefen Wände sehr glatt und fein geschliffen, als wären sie darauf geschoben worden, viele waren wie Hütten und Dächer gegeneinandergestellt, viele lagen aufeinander wie ungeschlachte Knollen.

Nicht weit von dem Standort der Kinder standen mehrere mit den Köpfen gegeneinandergelehnt, und über sie lagen breite, gelagerte Blöcke wie ein Dach. Es war ein Häuschen, das gebildet war, das gegen vorne offen, rückwärts und an den Seiten aber geschützt war. Im Innern war es trocken, da der steilrechte Schneefall keine einzige Flocke hineingetragen hatte. Die Kinder waren recht froh, daß sie nicht mehr in dem Eise waren und auf ihrer Erde standen.

Aber es war auch endlich finster geworden.

»Sanna«, sagte der Knabe, »wir können nicht mehr hinabgehen, weil es Nacht geworden ist und weil wir fallen oder gar in eine Grube geraten könnten. Wir werden da unter die Steine hineingehen, wo es so trocken und so warm ist, und da werden wir warten. Die Sonne geht bald wieder auf, dann laufen wir hinunter. Weine nicht, ich bitte dich recht schön, weine nicht, ich gebe dir alle Dinge zu essen, welche uns die Großmutter mitgegeben hat.«

Sie weinte auch nicht, sondern nachdem sie beide unter das steinerne Überdach hineingegangen waren, wo sie nicht nur bequem sitzen, sondern auch stehen und herumgehen konnten, setzte sie sich recht dicht an ihn und war mäuschenstille.

»Die Mutter«, sagte Konrad, »wird nicht böse sein, wir werden ihr von dem vielen Schnee erzählen, der uns aufgehalten hat, und sie wird nichts sagen; der Vater auch nicht. Wenn uns kalt wird – weißt du – dann mußt du mit den Händen an deinen Leib schlagen, wie die Holzhauer getan haben, und dann wird dir wärmer werden.«

»Ja, Konrad«, sagte das Mädchen.

Sanna war nicht gar so untröstlich, daß sie heute

nicht mehr über den Berg hinabgingen und nach Hause liefen, wie er etwa glauben mochte; denn die unermeßliche Anstrengung, von der die Kinder nicht einmal gewußt hatten, wie groß sie gewesen sei, ließ ihnen das Sitzen süß, unsäglich süß erscheinen, und sie gaben sich hin.

Jetzt machte sich aber der Hunger gelten. Beide nahmen fast zu gleicher Zeit ihre Brote aus den Taschen und aßen sie. Sie aßen auch die Dinge – kleine Stückchen Kuchen, Mandeln und Nüsse und andere Kleinigkeiten – die die Großmutter ihnen in die Tasche gesteckt hatte.

»Sanna, jetzt müssen wir aber den Schnee von unsern Kleidern tun«, sagte der Knabe, »daß wir nicht naß werden.«

»Ja, Konrad«, erwiderte Sanna.

Die Kinder gingen aus ihrem Häuschen, und zuerst reinigte Konrad das Schwesterlein von Schnee. Er nahm die Kleiderzipfel, schüttelte sie, nahm ihr den Hut ab, den er ihr aufgesetzt hatte, entleerte ihn von Schnee, und was noch zurückgeblieben war, das stäubte er mit einem Tuche ab. Dann entledigte er auch sich, so gut es ging, des auf ihm liegenden Schnees.

Der Schneefall hatte zu dieser Stunde ganz aufgehört. Die Kinder spürten keine Flocke.

Sie gingen wieder in die Steinhütte und setzten sich nieder. Das Aufstehen hatte ihnen ihre Müdigkeit erst recht gezeigt, und sie freuten sich auf das Sitzen. Konrad legte die Tasche aus Kalbfell ab. Er nahm das Tuch heraus, in welches die Großmutter eine Schachtel und mehrere Papierpäckchen gewikkelt hatte, und tat es zu größerer Wärme um seine Schultern. Auch die zwei Weißbrote nahm er aus dem Ränzchen und reichte sie beide an Sanna: das Kind aß begierig. Es aß eines der Brote und von dem zweiten auch noch einen Teil. Den Rest reichte es aber Konrad, da es sah, daß er nicht aß. Er nahm es und verzehrte es.

Von da an saßen die Kinder und schauten.

So weit sie in der Dämmerung zu sehen vermochten, lag überall der flimmernde Schnee hinab, dessen einzelne winzige Täfelchen hie und da in der Finsternis seltsam zu funkeln begannen, als hätte er bei Tag das Licht eingesogen und gäbe es jetzt von sich.

Die Nacht brach mit der in großen Höhen gewöhnlichen Schnelligkeit herein. Bald war es ringsherum finster, nur der Schnee fuhr fort, mit seinem bleichen Lichte zu leuchten. Der Schneefall hatte nicht nur aufgehört, sondern der Schleier an dem Himmel fing auch an, sich zu verdünnen und zu verteilen; denn die Kinder sahen ein Sternlein blitzen. Weil der Schnee wirklich gleichsam ein Licht von sich gab und weil von den Wolken kein Schleier mehr herabhing, so konnten die Kinder von ihrer Höhle aus die Schneehügel sehen, wie sie sich in Linien von dem dunkeln Himmel abschnitten. Weil es in der Höhle viel wärmer war, als es an jedem anderen Platze im ganzen Tale gewesen war, so ruhten die Kinder enge aneinandersitzend und vergaßen sogar die Finsternis zu fürchten. Bald vermehrten sich auch die Sterne, jetzt kam hier einer zum Vorscheine, jetzt dort, bis es schien, als wäre am ganzen Himmel keine Wolke mehr.

Das war der Zeitpunkt, in welchem man in den Tälern die Lichter anzuzünden pflegt. Zuerst wird eines angezündet und auf den Tisch gestellt, um die Stube zu erleuchten, oder es brennt auch nur ein Span, oder es brennt das Feuer auf der Leuchte, und es erhellen sich alle Fenster von bewohnten Stuben und glänzen in die Schneenacht hinaus – aber heute erst – am Heiligen Abend – da wurden viel mehrere angezündet, um die Gaben zu beleuchten, welche für die Kinder auf den Tischen lagen oder an den Bäumen hingen, es wurden wohl unzählige angezündet; denn beinahe in jedem Hause, in jeder Hütte, jedem Zimmer war eines oder mehrere Kinder, denen der Heilige Christ etwas gebracht hatte, und wozu man Lichter stellen mußte. Der Knabe hatte geglaubt, daß man sehr bald von dem Berge hinabkommen könne, und doch, von den vielen Lichtern, die heute in dem Tale brannten, kam nicht ein einziges zu ihnen herauf; sie sahen nichts als den blassen Schnee und den dunkeln Himmel, alles andere war ihnen in die unsichtbare Ferne hinab gerückt. In allen Tälern bekamen die Kinder in dieser Stunde die Geschenke des Heiligen Christ: nur die zwei saßen oben am Rande des Eises, und die vorzüglichsten Geschenke, die sie heute hätten bekommen sollen, lagen in versiegelten Päckchen in der Kalbfelltasche im Hintergrunde der Höhle.

Die Schneewolken waren ringsum hinter die Berge hinabgesunken, und ein ganz dunkelblaues, fast schwarzes Gewölbe spannte sich um die Kinder voll von dichten, brennenden Sternen, und mitten durch diese Sterne war ein schimmerndes, breites milchiges Band gewoben, das sie wohl auch unten im Tale, aber nie so deutlich gesehen hatten. Die Nacht rückte vor. Die Kinder wußten nicht, daß die Sterne gegen Westen rücken und weiterwandeln, sonst hätten sie an ihrem Vorschreiten den Stand der Nacht erkennen können; aber es kamen neue und gingen die alten, sie aber glaubten, es seien immer dieselben. Es wurde von dem Scheine der Sterne auch lichter um die Kinder; aber sie sahen kein Tal, keine Gegend, sondern überall nur Weiß – lauter Weiß. Bloß ein dunkles Horn, ein dunkles Haupt, ein dunkler Arm wurde sichtbar und ragte dort und hier aus dem Schimmer empor. Der Mond war nirgends am Himmel zu erblicken, vielleicht war er schon frühe mit der Sonne untergegangen, oder er ist noch nicht erschienen.

Als eine lange Zeit vergangen war, sagte der Knabe: »Sanna, du mußt nicht schlafen; denn weißt du, wie der Vater gesagt hat, wenn man im Gebirge schläft, muß man erfrieren, so wie der alte Eschenjäger auch geschlafen hat und vier Monate tot auf dem Steine gesessen ist, ohne daß jemand gewußt hatte, wo er sei.«

»Nein, ich werde nicht schlafen«, sagte das Mädchen matt.

Konrad hatte es an dem Zipfel des Kleides geschüttelt, um es zu jenen Worten zu erwecken.

Nun war es wieder stille.

Nach einer Zeit empfand der Knabe ein sanftes Drücken gegen seinen Arm, das immer schwerer wurde. Sanna war eingeschlafen und war gegen ihn herübergesunken.

»Sanna, schlafe nicht, ich bitte dich, schlafe nicht«, sagte er.

»Nein«, lallte sie schlaftrunken, »ich schlafe nicht.«

Er rückte weiter von ihr, um sie in Bewegung zu bringen, allein sie sank um und hätte auf der Erde liegend fortgeschlafen. Er nahm sie an der Schulter und rüttelte sie. Da er sich dabei selber etwas stärker bewegte, merkte er, daß ihn friere und daß sein Arm schwerer sei. Er erschrak und sprang auf. Er ergriff die Schwester, schüttelte sie stärker und sagte:

»Sanna, stehe ein wenig auf, wir wollen eine Zeit stehen, daß es besser wird.«

»Mich friert nicht, Konrad«, antwortete sie.

»Ja, ja, es friert dich, Sanna, stehe auf«, rief er.

»Die Pelzjacke ist warm«, sagte sie.

»Ich werde dir emporhelfen«, sagte er.

»Nein«, erwiderte sie und war stille.

Da fiel dem Knaben etwas anderes ein. Die Großmutter hatte gesagt: Nur ein Schlückchen wärmt den Magen so, daß es den Körper in den kältesten Wintertagen nicht frieren kann.

Er nahm das Kalbfellränzchen, öffnete es und griff so lange, bis er das Fläschchen fand, in welchem die Großmutter der Mutter einen schwarzen Kaffeeabsud schicken wollte. Er nahm das Fläschchen heraus, tat den Verband weg und öffnete mit Anstrengung den Kork. Dann bückte er sich zu Sanna und sagte: »Da ist der Kaffee, den die Großmutter der Mutter schickt, koste ihn ein wenig, er wird dir warm machen. Die Mutter gibt ihn uns, wenn sie nur weiß, wozu wir ihn nötig gehabt haben.«

Das Mädchen, dessen Natur zur Ruhe zog, antwortete: »Mich friert nicht.«

»Nimm nur etwas«, sagte der Knabe, »dann darfst du schlafen.«

Diese Aussicht verlockte Sanna, sie bewältigte sich so weit, daß sie das fast eingegossene Getränk verschluckte. Hierauf trank der Knabe auch etwas.

Lucas Cranach d. Ä.: Die Geburt Christi

Der ungemein starke Auszug wirkte sogleich, und zwar um so heftiger, da die Kinder in ihrem Leben keinen Kaffee gekostet hatten. Statt zu schlafen, wurde Sanna nun lebhafter und sagte selber, daß sie friere, daß es aber von innen recht warm sei und auch schon so in die Hände und Füße gehe. Die Kinder redeten sogar eine Weile miteinander.

So tranken sie trotz der Bitterkeit immer wieder von dem Getränke, sobald die Wirkung nachzulassen begann, und steigerten ihre unschuldigen Nerven zu einem Fieber, das imstande war, den zum Schlummer ziehenden Gewichten entgegenzuwirken.

Es war nun Mitternacht gekommen. Weil sie noch so jung waren und an jedem Heiligen Abende in höchstem Drange der Freude stets erst sehr spät entschlummerten, wenn sie nämlich der körperliche Drang übermannt hatte, so hatten sie nie das mitternächtliche Läuten der Glocken, nie die Orgel der Kirche gehört, wenn das Fest gefeiert wurde, obwohl sie nahe an der Kirche wohnten. In diesem Augenblicke der heutigen Nacht wurde nun mit allen Glocken geläutet, es läuteten die Glocken in Millsdorf, es läuteten die Glocken in Gschaid, und hinter dem Berge war noch ein Kirchlein mit drei hellen klingenden Glocken, die läuteten. In den fernen Ländern draußen waren unzählige Kirchen und Glokken, und mit allen wurde zu dieser Zeit geläutet, von

Dorf zu Dorf ging die Tonwelle, ja, man konnte wohl zuweilen von einem Dorfe zum andern durch die blätterlosen Zweige das Läuten hören: nur zu den Kindern herauf kam kein Laut, hier wurde nichts vernommen; denn hier war nichts zu verkündigen. In den Talkrümmen gingen jetzt an den Berghängen die Lichter der Laternen hin, und von manchem Hofe tönte das Hausglöcklein, um die Leute zu erinnern; aber dieses konnte um so weniger herauf gesehen und gehört werden, es glänzten nur die Sterne, und sie leuchteten und funkelten ruhig fort.

Wenn auch Konrad sich das Schicksal des erfrorenen Eschenjägers vor Augen hielt, wenn auch die Kinder das Fläschchen mit dem schwarzen Kaffee fast ausgeleert hatten, wodurch sie ihr Blut zu größerer Tätigkeit brachten, aber gerade dadurch eine folgende Ermattung herbeizogen: so würden sie den Schlaf nicht haben überwinden können, dessen verführende Süßigkeit alle Gründe überwiegt, wenn nicht die Natur in ihrer Größe ihnen beigestanden wäre und in ihrem Innern eine Kraft aufgerufen hätte, welche imstande war, dem Schlafe zu widerstehen.

In der ungeheueren Stille, die herrschte, in der Stille, in der sich kein Schneespitzchen zu rühren schien, hörten die Kinder dreimal das Krachen des Eises. Was das Starrste scheint und doch das Regsamste und Lebendigste ist, der Gletscher, hatte die

Töne hervorgebracht. Dreimal hörten sie hinter sich den Schall, der entsetzlich war, als ob die Erde entzweigesprungen wäre, der sich nach allen Richtungen im Eise verbreitete und gleichsam durch alle Aderchen des Eises lief. Die Kinder blieben mit offenen Augen sitzen und schauten in die Sterne hinaus.

Auch für die Augen begann sich etwas zu entwikkeln. Wie die Kinder so saßen, erblühte am Himmel vor ihnen ein bleiches Licht mitten unter den Sternen und spannte einen schwachen Bogen durch dieselben. Es hatte einen grünlichen Schimmer, der sich sachte nach unten zog. Aber der Bogen wurde immer heller und heller, bis sich die Sterne vor ihm zurückzogen und erblaßten. Auch in andere Gegenden des Himmels sandte er einen Schein, der schimmergrün, sachte und lebendig unter die Sterne floß. Dann standen Garben verschiedenen Lichtes auf der Höhe des Bogens wie Zacken einer Krone und brannten. Es floß helle durch die benachbarten Himmelsgegenden, es sprühte leise und ging in sanftem Zucken durch lange Räume. Hatte sich nun der Gewitterstoff des Himmels durch den unerhörten Schneefall so gespannt, daß er in diesen stummen, herrlichen Strömen des Lichtes ausfloß, oder war es eine andere Ursache der unergründlichen Natur? Nach und nach wurde es schwächer und immer schwächer, die Garben erloschen zuerst, bis es allmählich und unmerklich immer geringer wurde und wieder nichts am Himmel war als die tausend und tausend einfachen Sterne.

Die Kinder sagten keines zu dem andern ein Wort, sie blieben fort und fort sitzen und schauten mit offenen Augen in den Himmel.

Es geschah nun nichts Besonderes mehr. Die Sterne glänzten, funkelten und zitterten, nur manche schießende Schnuppe fuhr durch sie.

Endlich, nachdem die Sterne lange allein geschienen hatten und nie ein Stückchen Mond an dem Himmel zu erblicken gewesen war, geschah etwas anderes. Es fing der Himmel an, heller zu werden, langsam heller, aber doch zu erkennen; es wurde seine Farbe sichtbar, die bleichsten Sterne erloschen, und die anderen standen nicht mehr so dicht. Endlich wichen auch die stärkeren, und der Schnee vor den Höhen wurde deutlicher sichtbar. Zuletzt färbte sich eine Himmelsgegend gelb, und ein Wolkenstreifen, der in derselben war, wurde zu einem leuchtenden Faden entzündet. Alle Dinge waren klar zu sehen, und die entfernten Schneehügel zeichneten sich scharf in die Luft.

»Sanna, der Tag bricht an«, sagte der Knabe.

»Ja, Konrad«, antwortete das Mädchen.

»Wenn es nur noch ein bißchen heller wird, dann gehen wir aus der Höhle und laufen über den Berg hinunter.«

Es wurde heller, an dem ganzen Himmel war kein Stern mehr sichtbar, und alle Gegenstände standen in der Morgendämmerung da.

»Nun, jetzt gehen wir«, sagte der Knabe.

»Ja, wir gehen«, antwortete Sanna.

Die Kinder standen auf und versuchten ihre erst heute recht müden Glieder. Obwohl sie nichts geschlafen hatten, waren sie doch durch den Morgen gestärkt, wie das immer so ist. Der Knabe hing sich das Kalbfellränzchen um und machte das Pelzjäckchen an Sanna fester zu. Dann führte er sie aus der Höhle.

Weil sie nach ihrer Meinung nur über den Berg hinabzulaufen hatten, dachten sie an kein Essen und untersuchten das Ränzchen nicht, ob noch Weißbrote oder andere Eßwaren darinnen seien.

Von dem Berge wollte nun Konrad, weil der Himmel ganz heiter war, in die Täler hinabschauen, um das Gschaider Tal zu erkennen und in dasselbe hinunterzugehen. Aber er sah gar keine Täler. Es war nicht, als ob sie sich auf einem Berge befänden, von dem man hinabsieht, sondern in einer fremden, seltsamen Gegend, in der lauter unbekannte Gegenstände sind. Sie sahen heute auch in größerer Entfernung furchtbare Felsen aus dem Schnee emporstehen, die sie gestern nicht gesehen hatten, sie sahen das Eis, sie sahen Hügel und Schneelehnen emporstarren, und hinter diesen war entweder der

Himmel, oder es ragte die blaue Spitze eines sehr fernen Berges am Schneerande hervor.

In diesem Augenblicke ging die Sonne auf.

Eine riesengroße blutrote Scheibe erhob sich an dem Schneesaume in den Himmel, und in dem Augenblicke errötete der Schnee um die Kinder, als wäre er mit Millionen Rosen überstreut worden. Die Kuppen und die Hörner warfen sehr lange grünliche Schatten längs des Schnees.

»Sanna, wir werden jetzt da weiter vorwärts gehen, bis wir an den Rand des Berges kommen und hinuntersehen«, sagte der Knabe.

Sie gingen nun in den Schnee hinaus. Er war in der heiteren Nacht noch trockener geworden und wich den Tritten noch besser aus. Sie wateten rüstig fort. Ihre Glieder wurden sogar geschmeidiger und stärker, da sie gingen. Allein sie kamen an keinen Rand und sahen nicht hinunter. Schneefeld entwikkelte sich aus Schneefeld, und am Saume eines jeden stand alle Male wieder der Himmel.

Sie gingen desohngeachtet fort.

Da kamen sie wieder in das Eis. Sie wußten nicht, wie das Eis daher gekommen sei, aber unter den Füßen empfanden sie den glatten Boden, und waren gleich nicht die fürchterlichen Trümmer wie an jenem Rande, an dem sie die Nacht zugebracht hatten, so sahen sie doch, daß sie auf glattem Eise fortgingen, sie sahen hie und da Stücke, die immer mehr wurden, die sich näher an sie drängten und die sie wieder zu klettern zwangen.

Aber sie verfolgten doch ihre Richtung.

Sie kletterten neuerdings an Blöcken empor. Da standen sie wieder auf dem Eisfelde. Heute bei der hellen Sonne konnten sie erst erblicken, was es ist. Es war ungeheuer groß, und jenseits standen wieder schwarze Felsen empor, es ragte gleichsam Welle hinter Welle auf, das beschneite Eis war gedrängt, gequollen, emporgehoben, gleichsam als schöbe es sich noch vorwärts und flösse gegen die Brust der Kinder heran. In dem Weiß sahen sie unzählige vorwärtsgehende, geschlängelte blaue Linien. Zwischen jenen Stellen, wo die Eiskörper gleichsam wie aneinandergeschmettert starrten, gingen auch Linien wie Wege, aber sie waren weiß und waren Streifen, wo sich fester Eisboden vorfand oder die Stücke doch nicht gar so sehr verschoben waren. In diese Pfade gingen die Kinder hinein, weil sie doch einen Teil des Eises überschreiten wollten, um an den Bergrand zu gelangen und endlich einmal hinunterzusehen. Sie sagten kein Wörtlein. Das Mädchen folgte dem Knaben. Aber es war auch heute wieder Eis, lauter Eis. Wo sie hinübergelangen wollten, wurde es gleichsam immer breiter und breiter. Da schlugen sie, ihre Richtung aufgebend, den Rückweg ein. Wo sie nicht gehen konnten, griffen sie sich durch die Mengen des Schnees hindurch, der oft dicht vor ihrem Auge wegbrach und den sehr blauen Streifen einer Eisspalte zeigte, wo doch früher alles weiß gewesen war; aber sie kümmerten sich nicht darum, sie arbeiteten sich fort, bis sie wieder irgendwo aus dem Eise herauskamen.

»Sanna«, sagte der Knabe, »wir werden gar nicht mehr in das Eis hineingehen, weil wir in demselben nicht fortkommen. Und weil wir schon in unser Tal gar nicht hinabsehen können, so werden wir gerade über den Berg hinabgehen. Wir müssen in ein Tal kommen, dort werden wir den Leuten sagen, daß wir aus Gschaid sind, die werden uns einen Wegweiser nach Hause mitgeben.«

»Ja, Konrad«, sagte das Mädchen.

So begannen sie nun in dem Schnee nach jener Richtung abwärts zu gehen, welche sich ihnen eben darbot. Der Knabe führte das Mädchen an der Hand. Allein nachdem sie eine Weile abwärts gegangen waren, hörte in dieser Richtung das Gehänge auf, und der Schnee stieg wieder empor. Also änderten die Kinder die Richtung und gingen nach der Länge einer Mulde hinab. Aber da fanden sie wieder Eis. Sie stiegen also an der Seite der Mulde empor, um nach einer andern Richtung ein Abwärts zu suchen. Es führte sie eine Fläche hinab, allein die wurde nach und nach so steil, daß sie kaum noch einen Fuß einsetzen konnten und abwärtszugleiten fürchteten. Sie klommen also wieder empor, um wieder einen andern Weg nach abwärts zu suchen. Nachdem sie lange im Schnee emporgeklommen und dann auf einem ebenen Rücken fortgelaufen waren, war es wie früher: entweder ging der Schnee so steil ab, daß sie gestürzt wären, oder er stieg wieder hinan, daß sie auf den Berggipfel zu kommen fürchteten. Und so ging es immer fort.

Da wollten sie die Richtung suchen, in der sie gekommen waren und zur roten Unglücksäule hinabgehen. Weil es nicht schneit und der Himmel so helle ist, so würden sie, dachte der Knabe, die Stelle schon erkennen, wo die Säule sein solle, und würden von dort nach Gschaid hinabgehen können. Der Knabe sagte diesen Gedanken dem Schwesterchen, und diese folgte.

Allein auch der Weg auf den Hals hinab war nicht zu finden.

So klar die Sonne schien, so schön die Schneehöhen dastanden und die Schneefelder dalagen, so konnten sie doch die Gegenden nicht erkennen, durch die sie gestern heraufgegangen waren. Gestern war alles durch den fürchterlichen Schneefall verhängt gewesen, daß sie kaum einige Schritte von sich gesehen hatten, und da war alles ein einziges Weiß und Grau durcheinander gewesen. Nur die Felsen hatten sie gesehen, an denen und zwischen denen sie gegangen waren: allein auch heute hatten sie bereits viele Felsen gesehen, die alle den nämlichen Anschein gehabt hatten wie die gestern gesehenen. Heute ließen sie frische Spuren in dem Schnee zurück; aber gestern sind alle Spuren von dem fallenden Schnee verdeckt worden. Auch aus dem bloßen Anblicke konnten sie nicht erraten, welche Gegend auf den Hals führe, da alle Gegenden gleich waren. Schnee, lauter Schnee. Sie gingen aber doch immer fort und meinten, es zu erringen. Sie wichen den steilen Abstürzen aus und kletterten keine steilen Anhöhen hinauf.

Auch heute blieben sie öfter stehen, um zu horchen; aber sie vernahmen auch heute nichts, nicht den geringsten Laut. Zu sehen war auch nichts als der Schnee, der helle, weiße Schnee, aus dem hie und da die schwarzen Hörner und die schwarzen Steinrippen emporstanden.

Endlich war es dem Knaben, als sähe er auf einem fernen schiefen Schneefelde ein hüpfendes Feuer. Es tauchte auf, es tauchte nieder. Jetzt sahen sie es, jetzt sahen sie es nicht. Sie blieben stehen und blickten unverwandt auf jene Gegend hin. Das Feuer hüpfte immer fort, und es schien, als ob es näherkäme; denn sie sahen es größer und sahen das Hüpfen deutlicher. Es verschwand nicht mehr so oft und nicht mehr so lange Zeit wie früher. Nach einer Weile vernahmen sie in der stillen blauen Luft schwach, sehr schwach etwas wie einen langen anhaltenden Ton aus einem Hirtenhorne. Wie aus Instinkt schrieen beide Kinder laut. Nach einer Zeit hörten sie den Ton wieder. Sie schrieen wieder und blieben auf der nämlichen Stelle stehen. Das Feuer näherte sich auch. Der Ton wurde zum dritten Male vernommen und dieses Mal deutlicher. Die Kinder antworteten wieder durch lautes Schreien. Nach einer geraumen Weile erkannten sie auch das Feuer. Es war kein Feuer, es war eine rote Fahne, die geschwungen wurde. Zugleich ertönte das Hirtenhorn näher, und die Kinder antworteten.

»Sanna«, rief der Knabe, »da kommen Leute aus Gschaid, ich kenne die Fahne, es ist die rote Fahne, welche der fremde Herr, der mit dem jungen Eschenjäger den Gars bestiegen hatte, auf dem Gipfel aufpflanzte, daß sie der Herr Pfarrer mit dem Fernrohre sehe, was als Zeichen gälte, daß sie oben seien, und welche Fahne damals der fremde Herr dem Herrn Pfarrer geschenkt hat. Du warst noch ein recht kleines Kind.«

»Ja, Konrad.«

Nach einer Zeit sahen die Kinder auch die Menschen, die bei der Fahne waren, kleine schwarze Stellen, die sich zu bewegen schienen. Der Ruf des Hornes wiederholte sich von Zeit zu Zeit und kam immer näher. Die Kinder antworteten jedesmal.

Endlich sahen sie über den Schneeabhang gegen sich her mehrere Männer mit ihren Stöcken herabfahren, die die Fahne in ihrer Mitte hatten. Da sie näher kamen, erkannten sie dieselben. Es war der Hirt Philipp mit dem Horne, seine zwei Söhne, dann der junge Eschenjäger und mehrere Bewohner von Gschaid.

»Gebenedeit sei Gott«, schrie Philipp, »da seid ihr ja. Der ganze Berg ist voll Leute. Laufe doch einer gleich in die Sideralpe hinab und läute die Glocke, daß die dort hören, daß wir sie gefunden haben, und einer muß auf den Krebsstein gehen und die Fahne dort aufpflanzen, daß sie dieselbe in dem Tale sehen und die Böller abschießen, damit die es wissen, die im Millsdorfer Walde suchen, und damit sie in Gschaid die Rauchfeuer anzünden, die in der Luft gesehen werden und alle, die noch auf dem Berge sind, in die Sideralpe hinabbedeuten. Das sind Weihnachten!«

»Ich laufe in die Alpe hinab«, sagte einer.

»Ich trage die Fahne auf den Krebsstein«, sagte ein anderer.

»Und wir werden die Kinder in die Sideralpe hinabbringen, so gut wir es vermögen und so gut uns Gott helfe«, sagte Philipp.

Ein Sohn Philipps schlug den Weg nach abwärts ein, und der andere ging mit der Fahne durch den Schnee dahin.

Der Eschenjäger nahm das Mädchen bei der Hand, der Hirt Philipp den Knaben. Die andern halfen, wie sie konnten. So begann man den Weg. Er ging in Windungen. Bald gingen sie nach einer Richtung, bald schlugen sie die entgegengesetzte ein, bald gingen sie abwärts, bald aufwärts. Immer ging es durch Schnee, immer durch Schnee, und die Gegend blieb sich beständig gleich. Über sehr schiefe Flächen taten sie Steigeisen an die Füße und trugen die Kinder. Endlich nach langer Zeit hörten sie ein Glöcklein, das sanft und fein zu ihnen heraufkam und das erste Zeichen war, das ihnen die niederen Gegenden wieder zusandten. Sie mußten wirklich sehr tief herabgekommen sein; denn sie sahen ein Schneehaupt recht hoch und recht blau über sich ragen. Das Glöcklein aber, das sie hörten, war das der Sideralpe, das geläutet wurde, weil dort die Zusammenkunft verabredet war. Da sie noch weiter kamen, hörten sie auch schwach in die stille Luft die Böllerschüsse herauf, die infolge der ausgesteckten Fahne abgefeuert wurden, und sahen dann in die Luft feine Rauchsäulen aufsteigen.

Da sie nach einer Weile über eine sanfte schiefe Fläche abgingen, erblickten sie die Sideralphütte. Sie gingen auf sie zu. In der Hütte brannte ein Feuer, die Mutter der Kinder war da, und mit einem furchtbaren Schrei sank sie in den Schnee zurück, als sie die Kinder mit dem Eschenjäger kommen sah.

Dann lief sie herzu, betrachtete sie überall, wollte ihnen zu essen geben, wollte sie wärmen, wollte sie in vorhandenes Heu legen; aber bald überzeugte sie sich, daß die Kinder durch die Freude stärker seien, als sie gedacht hatte, daß sie nur einiger warmer Speisen bedurften, die sie bekamen, und daß sie nur ein wenig ausruhen mußten, was ihnen ebenfalls zuteil werden sollte.

Da nach einer Zeit der Ruhe wieder eine Gruppe Männer über die Schneefläche herabkam, während das Hüttenglöcklein immer fortläutete, liefen die Kinder selber mit den andern hinaus, um zu sehen, wer es sei. Der Schuster war es, der einstige Alpensteiger, mit Alpenstock und Steigeisen, begleitet von seinen Freunden und Kameraden.

»Sebastian, da sind sie«, schrie das Weib.

Er aber war stumm, zitterte und lief auf sie zu. Dann rührte er die Lippen, als wollte er etwas sagen, sagte aber nichts, riß die Kinder an sich und hielt sie lange. Dann wandte er sich gegen sein Weib, schloß es an sich und rief: »Sanna, Sanna!«

Nach einer Weile nahm er den Hut, der ihm in den Schnee gefallen war, auf, trat unter die Männer und wollte reden. Er sagte aber nur: »Nachbarn, Freunde, ich danke euch.«

Da man noch gewartet hatte, bis die Kinder sich zur Beruhigung erholt hatten, sagte er: »Wenn wir alle beisammen sind, so können wir in Gottes Namen aufbrechen.«

»Es sind wohl noch nicht alle«, sagte der Hirt Philipp, »aber die noch abgehen, wissen aus dem Rauche, daß wir die Kinder haben, und sie werden schon nach Hause gehen, wenn sie die Alphütte leer finden.«

Man machte sich zum Aufbruche bereit.

Man war auf der Sideralphütte nicht gar weit von Gschaid entfernt, aus dessen Fenstern man im Sommer recht gut die grüne Matte sehen konnte, auf der die graue Hütte mit dem kleinen Glockentürmlein stand; aber es war unterhalb eine fallrechte Wand, die viele Klaftern hoch hinabging und auf der man im Sommer nur mit Steigeisen, im Winter gar nicht hinabkommen konnte. Man mußte daher den Umweg zum Halse machen, um von der Unglücksäule aus nach Gschaid hinabzukommen. Auf dem Wege gelangte man über die Siderwiese, die noch näher an Gschaid ist, so daß man die Fenster des Dörfleins zu erblicken meinte.

Als man über diese Wiese ging, tönte hell und deutlich das Glöcklein der Gschaider Kirche herauf, die Wandlung des heiligen Hochamtes verkündend.

Der Pfarrer hatte wegen der allgemeinen Bewegung, die am Morgen in Gschaid war, die Abhaltung des Hochamtes verschoben, da er dachte, daß die Kinder zum Vorscheine kommen würden. Allein endlich, da noch immer keine Nachricht eintraf, mußte die heilige Handlung doch vollzogen werden.

Als das Wandlungsglöcklein tönte, sanken alle, die

über die Siderwiese gingen, auf die Knie in den Schnee und beteten. Als der Klang des Glöckleins aus war, standen sie auf und gingen weiter.

Der Schuster trug meistens das Mädchen und ließ sich von ihm alles erzählen.

Als sie schon gegen den Wald des Halses kamen, trafen sie Spuren, von denen der Schuster sagte: »Das sind keine Fußstapfen von Schuhen meiner Arbeit.«

Die Sache klärte sich bald auf. Wahrscheinlich durch die vielen Stimmen, die auf dem Platze tönten, angelockt, kam wieder eine Abteilung Männer auf die Herabgehenden zu. Es war der aus Angst aschenhaft entfärbte Färber, der an der Spitze seiner Knechte, seiner Gesellen und mehrerer Millsdorfer bergab kam.

»Sie sind über das Gletschereis und über die Schründe gegangen, ohne es zu wissen«, rief der Schuster seinem Schwiegervater zu.

»Da sind sie ja – da sind sie ja – Gott sei Dank«, antwortete der Färber, »ich weiß es schon, daß sie oben waren; als dein Bote in der Nacht zu uns kam und wir mit Lichtern den ganzen Wald durchsucht und nichts gefunden hatten – und als dann das Morgengrau anbrach, bemerkte ich an dem Wege, der von der roten Unglücksäule links gegen den Schneeberg hinanführt, daß dort, wo man eben von der Säule weggeht, hin und wieder mehrere Reiserchen und Rütchen geknickt sind, wie Kinder gerne tun, wo sie eines Weges gehen – da wußte ich es – die Richtung ließ sie nicht mehr aus, weil sie in der Höhlung gingen, weil sie zwischen den Felsen gingen und weil sie dann auf dem Grat gingen, der rechts und links so steil ist, daß sie nicht hinabkommen konnten. Sie mußten hinauf. Ich schickte nach dieser Beobachtung gleich nach Gschaid, aber der Holzknecht Michael, der hinüberging, sagte bei der Rückkunft, da er uns fast am Eise oben traf, daß ihr sie schon habet, weshalb wir wieder heruntergingen.«

»Ja«, sagte Michael, »ich habe es gesagt, weil die rote Fahne schon auf dem Krebssteine steckt und die Gschaider dieses als Zeichen erkannten, das verabredet worden war. Ich sagte euch, daß auf diesem Wege da alle herabkommen müssen, weil man über die Wand nicht gehen kann.«

»Und kniee nieder und danke Gott auf den Knieen, mein Schwiegersohn«, fuhr der Färber fort, »daß kein Wind gegangen ist. Hundert Jahre werden wieder vergehen, daß ein so wunderbarer Schneefall niederfällt und daß er gerade niederfällt, wie nasse Schnüre von einer Stange hängen. Wäre ein Wind gegangen, so wären die Kinder verloren gewesen.«

»Ja, danken wir Gott, danken wir Gott«, sagte der Schuster.

Der Färber, der seit der Ehe seiner Tochter nie in

Gschaid gewesen war, beschloß, die Leute nach Gschaid zu begleiten.

Da man schon gegen die rote Unglücksäule zukam, wo der Holzweg begann, wartete ein Schlitten, den der Schuster auf alle Fälle dahin bestellt hatte. Man tat die Mutter und die Kinder hinein, versah sie hinreichend mit Decken und Pelzen, die im Schlitten waren, und ließ sie nach Gschaid vorausfahren.

Die andern folgten und kamen am Nachmittage in Gschaid an.

Die, welche noch auf dem Berge gewesen waren und erst durch den Rauch das Rückzugszeichen erfahren hatten, fanden sich auch nach und nach ein. Der letzte, welcher erst am Abende kam, war der Sohn des Hirten Philipp, der die rote Fahne auf den Krebsstein getragen und sie dort aufgepflanzt hatte.

In Gschaid wartete die Großmutter, welche herübergefahren war.

»Nie, nie«, rief sie aus, »dürfen die Kinder in ihrem ganzen Leben mehr im Winter über den Hals gehen.«

Die Kinder waren von dem Getriebe betäubt. Sie hatten noch etwas zu essen bekommen, und man hatte sie in das Bett gebracht. Spät gegen Abend, da sie sich ein wenig erholt hatten, da einige Nachbarn und Freunde sich in der Stube eingefunden hatten und dort von dem Ereignisse redeten, die Mutter aber in der Kammer an dem Bettchen Sannas saß und sie streichelte, sagte das Mädchen: »Mutter, ich habe heute nachts, als wir auf dem Berge saßen, den Heiligen Christ gesehen.«

»O du mein geduldiges, du mein liebes, du mein herziges Kind«, antwortete die Mutter, »er hat dir auch Gaben gesendet, die du bald bekommen wirst.«

Die Schachteln waren ausgepackt worden, die Lichter waren angezündet, die Tür in die Stube wurde geöffnet, und die Kinder sahen von dem Bette auf den verspäteten, hell leuchtenden, freundlichen Christbaum hinaus. Trotz der Erschöpfung mußte man sie noch ein wenig ankleiden, daß sie hinausgingen, die Gaben empfingen, bewunderten und endlich mit ihnen entschliefen.

In dem Wirtshause in Gschaid war es an diesem Abende lebhafter als je. Alle, die nicht in der Kirche gewesen waren, waren jetzt dort und die andern auch. Jeder erzählte, was er gesehen und gehört, was er getan, was er geraten und was für Begegnisse und Gefahren er erlebt hat. Besonders aber wurde hervorgehoben, wie man alles hätte anders und besser machen können.

Das Ereignis hat einen Abschnitt in die Geschichte von Gschaid gebracht, es hat auf lange den Stoff zu Gesprächen gegeben, und man wird noch nach Jahren davon reden, wenn man den Berg an heiteren Tagen besonders deutlich sieht oder wenn man den Fremden von seinen Merkwürdigkeiten erzählt.

Die Kinder waren von dem Tage an erst recht das Eigentum des Dorfes geworden, sie wurden von nun an nicht mehr als Auswärtige, sondern als Eingeborne betrachtet, die man sich von dem Berge herabgeholt hatte.

Auch ihre Mutter Sanna war nun eine Eingeborne von Gschaid.

Die Kinder aber werden den Berg nicht vergessen und werden ihn jetzt noch ernster betrachten, wenn sie in dem Garten sind, wenn wie in der Vergangenheit die Sonne sehr schön scheint, der Lindenbaum duftet, die Bienen summen und er so schön und so blau wie das sanfte Firmament auf sie herniederschaut.

Adalbert Stifter

Eine Weihnachtsgeschichte

Und dann kam der Weihnachtsabend. Die jüngsten Kinder hatten in der Dämmerung ihren Bruder mit sich in eine Ecke des Eßzimmers gelockt und ihn gebeten, Märchen zu erzählen. Er war wohlgeübt in der Kunst, aus freier Hand die wunderbarsten Geschichten zu verfassen. Und nun dichtete er eine Weihnachtssage:

»Als das Kloster dort drüben«, sagte er, »seine machtvollsten Tage hatte und mit fleißigen Mönchen gefüllt war, da gab es dort auch einen überaus frommen Abt. Vater Anselm wurde er genannt, und mit ihm war es das Merkwürdige, daß er nicht nur fromm, sondern auch weise und gelehrt war. Die Leute sagten von ihm, er könne zaubern und verstünde die Kunst, Gold zu machen; aber das war nicht wahr. Gewiß hatte er immer mit ängstlichem Eifer nach dem Stein der Weisen geforscht, der die langsame Entwicklung der Metalle beschleunigt und sie in ein paar Stunden zu Gold macht, denn alle Metalle sind eigentlich Gold, das in seiner Entwicklung mißglückt ist. Doch das war wahr, daß er vieles von den wunderbaren Geistern wußte, die in den Pflanzen und in der Luft und im Wasser wohnen, und er kannte deren Zeichen.

Als die Mitternachtsmesse in der Weihnachtsnacht gelesen werden sollte, führte dieser fromme Abt Anselm seine Mönche nicht in die Klosterkirche, ohne daß er mit ihnen durch den Garten zog. Rauchfässer schwingend und Hymnen zu Ehren des Gottessohnes und seiner Mutter singend, schritten die frommen Männer rund um den von hohen Mauern geschützten Klostergarten. Der Abt schwang den Weihwasserwedel über die kahlen Bäume und die gefrorene Mark. Er wollte, daß die Natur teilhaben sollte an der großen Freude, welche die Weihnachtsnacht allen Wesen der Welt gebracht hat.

Und da geschah es, daß sich innerhalb der schützenden Mauer das wunderbarste Leben entwickelte. Ein Südwind brauste heran und fegte Kälte und Schnee hinweg. Aus der Erde sprossen grünes Gras und schöngefärbte Blumen. Die Knospen warfen ihre schützenden Hüllen ab, und die flaumigen Frühlingsblätter drängten sich hervor. Die Freude darüber, daß Gottes Sohn einmal in die Welt der Menschen eingetreten war, gab den Pflanzen eine solche Kraft, daß sie es vermochten, den Schlaf des Winters und die Fesseln der Kälte zu durchbrechen.

Und nicht früher war der Garten grün gekleidet, ehe nicht alle frierenden Vögel des Waldes hereinkamen, gelockt vom Duft und den warmen Winden, die über ihm spielten. Eichelhäher kamen auf ihren schönen Schwingen und ahmten den Gesang aller

Vögel des Sommers nach, während sie sich auf den Zweigen niederließen. Die rote Brust der Dompfaffen glänzte unter dem lichten Laubwerk, die kleinen Zaunkönige kamen staunend mit ihren goldenen Büscheln auf dem Kopf, und alle Spatzen der Bauernhöfe verließen ihre Weihnachtsgarben und kamen und drängten sich in den Büschen mit Seidenschwänzchen und Elstern. Und sogar die Eichhörnchen schwangen sich knurrend vor Wohlbehagen über die Mauer, und die Rehe kamen bis an die Gitterpforte des Gartens und blickten mit ihren schönen Augen herein.

Da ließ der gute Abt die Gartenpforte weit öffnen, damit alle Tiere des Waldes hereinkommen konnten, um sich zusammen mit Pflanzen und Menschen zu freuen.

Das Merkwürdigste von allem war jedoch, daß man auf einmal ein starkes Sausen in der Luft vernahm, als ob ein gefederter Pfeil durch die Luft geflogen kam, und dann senkte sich ein Storch in zierlichen Kreisen herab zu dem guten Abt. Das war des Klosters eigener Storch, der jeden Herbst hinunter nach Ägypten zog. Man kannte ihn wohl. Er hielt eine kleine Flasche im Schnabel und legte sie vor die Füße des Abtes. Der fromme Mann hob sie auf und besah sie und erbebte vor Freude. Sie war mit einer glitzernden Flüssigkeit gefüllt, die er wohl kannte, es war das Wasser des Lebens, oder der Stein der Weisen, das Fluidum, das die großen Meister beschrieben haben. Ein Tropfen davon genügte, um alle Kullersteine des Landes in Gold zu verwandeln. Das war die Weihnachtsgabe der Natur an den frommen Abt, der sie teilnehmen ließ an der Freude der Weihnachtsnacht.

Als die Mitternachtsmesse verrichtet war und Nordwind und Kälte wieder ihre Herrschaft über den Klostergarten angetreten hatten und der gute Abt wieder in seine Zelle gekommen war, füllte er einen Becher mit Wasser, und in diesen träufelte er einen einzigen Tropfen von der glitzernden Flüssigkeit. Alles Wasser wurde da auf einmal zu schäumendem und duftendem Wein, und eifrig streckte der Abt seine Hand aus, um den Becher an seine Lippen zu heben und Unsterblichkeit zu trinken.

Aber im gleichen Augenblick gellten Schreie, Rufe und Waffenlärm durch das stille Kloster. Der alte Feind seiner Einwohner, der wohlgeborene Herr Jens Kruse, hatte mit seinen Knechten das Kloster angefallen. Sie hatten die Gartentür offen gefunden und sich eingeschlichen und warfen sich nun über die Mönche in ihren Zellen, um ihnen die Schätze des Klosters zu entreißen. Zu Vater Anselm kam ein rauher Knecht, der lachte, ihn mit dem schäumenden Becher vor sich zu finden. Der Krieger stürzte sich auf ihn, band seine Hände und leerte seinen Becher. Die Flasche mit dem Wasser des Lebens warf er

Hugo van der Goes: Anbetung der Hirten (Ausschnitt)

auf den Boden, und wie Funken flogen die Tropfen in der Zelle umher.

Dieser Kriegsknecht zog danach in vielen Kriegen umher und war bei vielen Abenteuern dabei. Und dann fühlte auch er sich alt, seine Freunde starben, er stand einsam ohne Verwandte und Heim, und er wünschte sich den Tod. Aber der Tod kam nicht. Er rief ihn, er versuchte selbst, den Langsamen zu beeilen, aber der Tod wich ihm aus. Er kam zu den entsetzlichsten Übeltätern und Verbrechern, aber nicht zu ihm. Mit Angst begann er zu glauben, daß der Tod ihn nicht erreichen konnte. Da erinnerte er sich an den Wein, den er bei dem zauberkundigen Abt getrunken hatte, und an die kleine Flasche, die mit Funken und Sternen gefüllt war. Da zog er hierher, um den Abt nach der Sache zu fragen.

Als er herkam, waren die Mönche vertrieben, der Abt tot und das Kloster niedergebrannt. Die Reformation und Herr Jens Kruse hatten diese Arbeit ausgeführt. Aber er suchte sich durch die Ruinen, bis er in die Keller hinunterkam, wo die Bücher des Klosters im feuerfesten Gewölbe verwahrt wurden. Er brach die schweren Folianten von den Ketten und Schlössern los, die sie an den Mauern befestigten, und setzte sich hin, um danach zu forschen, wie es sich mit dem Zaubertrunk des Abtes verhielt. Liebe Kinder, da unten im Klosterkeller sitzt er noch heute und forscht und liest in den schweren Schwarzkunstbüchern. Sie zu deuten ist keine leichte Arbeit für einen alten Landsknecht. Hundert Jahre brauchte er, um Latein zu lernen, hundert Jahre, um die Kabbala durchzubuchstabieren, und noch hundert Jahre muß er leben, um die Kunst des Sterbens zu lernen. Er weiß, daß ich ein gelehrtes Haus bin, deshalb besucht er uns öfters. Gestern stand er hinter mir und sah in meine griechische Grammatik. Bald kommt er und bittet mich, ihn Griechisch zu lehren.«

»Hurra«, riefen die Kinder, »nun wissen wir, wer der Mann ist.«

»Ruhig, ruhig, Kinder, zeigt nicht allzu deutlich, wie dumm ihr seid. Ich habe nicht von einem Mann erzählt, sondern vom Krieg, vom Krieg, der vor vielen hundert Jahren das Wasser des Lebens trank und seitdem nicht mehr die Kunst versteht, zu sterben.«

Selma Lagerlöf

Die Tagediebe

Eine Weihnachtserzählung

In einem Nachtquartier, das an der alten Poststraße lag, hatte sich eine solche Menge von Leuten angesammelt, daß schließlich jeder Platz in dem geräumigen Hause besetzt war. Es waren Reisende zu Pferde und Reisende zu Fuß, Schneider und Schnitter, verwegene Hausierer und schließlich auch Handlanger, die die Straße auszubessern hatten. Draußen herrschte Frost, so daß alle, die vom Hofraum hereinkamen, zunächst einmal zum Ofen krochen und erst darauf einen Platz suchten, der ihre Unterkunft bilden sollte, wobei ein jeder froh war, wenn er nur ein Fleckchen erwischte. Das allgemeine Gespräch hielt sich anfangs im Rahmen solcher Dinge wie Mißernten und Abgaben, aber nach und nach kam man auf ›göttliche Geschicke‹ zu sprechen. Man sprach davon, wie Gott es dem Joseph sieben Jahre vorher eröffnet, daß über Ägypten eine ›Mißernte fallen‹ würde, und warum er jetzt nichts dergleichen mehr täte; denn jetzt lebten die Menschen unbesorgt dahin und ahnten kein Unheil über sich, und dabei war es doch schon da und stand jählings auf! Und nun begann ein jeder seine Weisheit auszukramen, doch schließlich gelang es einem Mann, vom Ofen herab die Aufmerksamkeit aller mit einem Male zu fesseln; er sagte folgendes: »Da meint ihr wohl, wenn uns kundgetan würde, daß ein Unheil im Anzug sei – könnten wir das Unheil abwenden?«

»Nun, versteht sich.«

»Ganz verkehrt! Es gibt vielleicht nicht wenig Dinge, die klar vor aller Augen liegen und abgewendet werden müßten und die man dennoch nicht abwendet.«

»Was denn, zum Beispiel?«

»Na, das zum Beispiel: was ist wohl klarer, als daß es eine große Überzahl von armen und unglücklichen Menschen gibt und daß, solange dieser so viele sind, keiner je ruhig wird leben können; aber hierüber freilich denkt niemand nach.«

»Das ist es ja! Wenn uns das kundgetan worden wäre, sicher, wir hätten uns gebessert.«

Allein jener auf dem Ofen entgegnete: »Wir hätten uns ganz und gar nicht gebessert: es handelt sich gar nicht darum, daß so etwas prophezeit wird, sondern um den gesunden Verstand. Dem gesunden Verstand will man nicht folgen; und wenn selbst solch eine Vorhersage käme, so würde niemand sie beherzigen.«

Man fragte ihn, ob er nicht ein Beispiel für eine solche Weissagung anzugeben wüßte, und sofort begann er zu erzählen.

»Ich bin nämlich schon ein alter Mann, ich stehe bereits im siebenten Jahrzehnt. Der erste große Hunger, an den ich mich erinnern kann, war sechs Jahre bevor die Unsern gegen den Ungar zogen, und zwar kam es damals in unserem Dorf zu einer Wunderlichkeit.«

An dieser Stelle wurde er durch die überflüssige Frage unterbrochen, von wo er herstamme?

Schnell, aber unlustig warf der Erzähler ein: »Aus dem Dorf Tagdiebern. Kennst es, was?«

»Nicht einmal gehört.«

»Nun, dann hör zu, was bei uns in Tagdiebern geschehen ist; und gib fein acht, damit bei euch in eurem Dorf nicht gar etwas Ähnliches passiert. Und jetzt schweigt, bis ich zu Ende bin: mein Sprüchel ist nicht lang.

Das Erstaunliche bei uns war, daß ringsum in der ganzen Nachbarschaft überhaupt kein Korn wachsen wollte, während unsere Felder dagegen wie ein hohes Inselchen zum Himmel ragten – Gott hatte uns eine mittlere Ernte beschert. Die anderen Leute jammerten, wir aber dankten Gott und sagten: ›Ruhm Dir, o Herr!‹ Und wollten keineswegs darüber nachdenken, daß uns vielleicht die Nachbarn bedrängen könnten. Die Nachbarn beneideten uns freilich; sie sagten von uns: ›Ihr seid Gottes Lieblinge: uns straft Gott, ihr jedoch seid in Seiner Gnade.‹ – ›Zu welchen Märtyrern habt ihr gebetet und welchen Wundertätern Gelübde geleistet?‹ Bei uns nun blies sich ein jeder auf, daß wir in der Tat in Gottes Gunst hoch stünden: wir mähten und ernteten, wir fuhren das Korn ein und schütteten es in die Darre und droschen es schließlich auf der Tenne ... Das prasselte euch den lieben langen Tag! Und zugleich fing auch schon der Mutwillen bei uns an: Schlachtvieh wurde abgestochen, das erste Korn dem Popen dargebracht, Dünnbier wurde gebraut, und die Bauern wollten nur noch Schnaps trinken, und die Weiber dachten vom frühen Morgen an: ›Vielleicht könnte man ein Milchbrötchen backen, vielleicht einen Fladen!‹ Und so aßen wir denn und tranken wir denn zu unserem eigenen Schaden mehr, als nötig war. In den anderen Dörfern ringsherum, da mußten sie sich mit Spreu und Ölkuchen plagen, wir aber konnten zu unserer Lust sagen: ›Wir sind ja nicht schuld daran, daß bei den andern Hunger herrscht. Wir haben auf ihren Feldern keinen Frevel getrieben, ja, wir haben sogar mit den andern im Frühling auf den Feldern den Gottesdienst abgehalten, und nun hat Gott unsere Gebete erhört und uns eine gute Ernte gesandt, jene jedoch hat er nicht begnadigt. Alles liegt in seiner Hand: der Herr ist gerecht; wir aber wollen unsere Nachbarn nicht verlassen und keineswegs ihnen gegenüber die Stolzen spielen; im Gegenteil, wir wollen ihnen mit Überresten beistehen.‹ Und freilich kamen ja auch unsere

Nachbarn tagtäglich und unaufhörlich zu uns und kamen und kamen, und je länger es währte, desto mehr, und sie fielen uns wahrhaftig sehr zur Last. Es kam so, daß man schon kaum mehr in der eigenen Hütte ruhig sitzen konnte, von der Straße ganz zu schweigen, denn den lieben langen Tag hörte man ja nichts anderes als die Hungrigen ihr Jammersprüchlein plärren: ›Go-ttes Lieb-ling-e! Erbarmt euch und gebt ein heiliges Almosen. Um Christi willen!‹ Na, schön, einmal geben und zweimal geben, das ging noch an, doch dann klopfte man schließlich ans Fenster und sagte nur noch: ›Gott wird euch erhören, ihr Lieben! Nichts für ungut!‹ Was tun? Zugegeben, daß wir ›Gottes Lieblinge waren‹, aber selbst wenn man ihnen fünf große Rundbrote in Schnitten gegeben hätte, es wäre dennoch unmöglich gewesen, alle zu sättigen! Wenn man indes so einen vom Fenster fortgeschickt hatte, dann folgte dem auf dem Fuß ein neues Unheil, denn dann schämte man sich vor sich selber, das Brot zu schneiden ... Ja ja, das ist klar, wie es gar nicht klarer sein kann, der Herr selber hat es in jedes Herz gesenkt, daß man niemand fortschicken darf, sondern es anders machen muß, und bevor man das so getan, wie es sich gehört, ist kein Gedanke daran, in Ruhe leben zu können.

Man sollte meinen, daß das zu begreifen gewesen wäre, und doch wurde es nicht begriffen; und es kam damals wohl auch ein Verkündiger – allein er wurde verlacht.«

Bei diesen Worten ging ein Raunen durchs ganze Haus: »Horcht nur, Brüder, horcht hin!«

Der auf dem Ofen fuhr fort: »Unsere hungrigen Nachbarn waren eine solche Last für uns geworden, daß wir gar nicht mehr aus noch ein wußten, denn wie wir ihrer Not abhelfen sollten – davon hatten wir keine Ahnung. Nun lebte in unserm Dorf ein Waldhüter, Fedoß Iwanow, ein großer Bücherwurm, der ordentlich in alle Dinge einzudringen verstand. Dieser begann da zu sprechen: ›Es ist nicht gut, Brüder, daß wir so gefühllos dahinleben. Was man auch sagen möge, wir sind hartherzig: wir sind zwar bereit, den Notleidenden eine Kruste hinzuwerfen – als ob das eine Tugend wäre – für uns selber aber müssen wir immer etwas Neues haben: bald einen Fladen und bald ein Milchbrötchen. Ach, auf diese Weise leben wir nicht nach Gottes Geheiß! Ach, wenn es nach Gottes Wort ginge, so müßten wir jetzt in größter Einschränkung leben, um möglichst wenig für uns selber zu brauchen und möglichst viel den Notleidenden geben zu können. Dann könnte es wohl geschehen, daß eine Leichtigkeit in der Seele aufleuchtet, so aber, um es gerade herauszusagen, hat man ja Not, Luft zu bekommen! Aus dem Unverstande kommt Finsternis, wenn man aber nachdenkt und sich selber bei klarem Licht betrachtet, dann steigen einem solche Gewissensbisse auf, daß man gar nicht mehr weiß, welche Qual eigentlich die schwerere ist, und man ist bereit zu beten: Töte mich, o Herr, mit einem Schlage.‹

Ich sagte schon, daß Fedoß belesen war und daß alles bei ihm auf menschliche Betrachtungen hinauslief, das heißt, was der Mensch zu tun habe ... in seiner Allgemeinheit ... Sozusagen, wie wenn einem nur ein Finger weh tut – und dennoch ist der ganze Körper unruhig. Aber dieses Wort unseres Fedoß gefiel den Spielern und Spaßmachern in Tagdiebern nicht. Er pflegte auch unter anderem zu sagen: ›Ehrenwerte Greise und junges Volk, ihr sollt an meinen Worten kein Ärgernis nehmen, denn meine Worte, die habe ich mir nicht selbst ausgedacht, sondern habe sie von einem anderen genommen; indes überlegt nur selber: mit Unrecht denken die, welche Feste feiern, während vor ihrer Schwelle andere Menschen Not leiden, daß ja sie damit keinem zur Last fallen – sie säen Neid und werden dadurch zu Gottes Widersachern. Denn jetzt, Brüder, ist es Zeit, mit den Leidenden zu leiden, und nicht Zeit zu feiern, Schnaps zu trinken und ein Küchlein dazu zu essen.‹

Wegen dieser Worte sahen die Greise scheel auf Fedoß, die jüngeren aber schnatterten alsbald zur Antwort: ›Was predigst du, Onkel Fedoß, in einem fort! Solltest du gar ein Pope sein, ein ungeschorener?

Selbst unser Pope hat uns mit solchen Reden verschont. Wenn Gott uns schon solchen Segen beschert hat, daß wir was zu essen haben, warum sollen wir uns nicht darüber freuen? Denn auch das Essen und Trinken geschieht ja zur Ehre Gottes: wir essen's auf und trinken darauf, und stehen auf und bekreuzigen uns drauf: Dank sei Dir, o Herr! – Was willst nun du mit einem Male?‹

Fedoß nahm diese Rede nicht krumm, und er wußte auch, was er zu antworten hatte: ›Ihr Unvernünftigen! Was ist das für eine Ehre? Damit werdet ihr keine Ehre einlegen, daß ihr Fladen freßt, bis ihr platzt, wo doch die Leute rings Rinden würgen müssen! Und dabei könntet ihr Christus viel größere Ehre erweisen, auf daß alle sähen, daß wir Ihm gehorsam seid. Denn es gibt ja ein Wort von Ihm, an uns Menschen gerichtet: Mögen alle wissen, daß Ihr meine Jünger seid, so ihr nur Liebe untereinander habt!‹

Allein Fedoß erreichte nicht nur nichts, sondern bekam von allen kurzerhand Grobheiten zu hören, am meisten aber muckte seine eigene Enkelin Mawrutka gegen ihn auf – sie allein war ihm von allen übriggeblieben, und mit ihr allein bewohnte er seine Hütte, und dennoch bot sie ihm stets in allem Trotz: sie war halt so ein Quirl und hörte nie auf Fedoß und war sogar häufig frech gegen ihn.

›Du bist eben schon sehr alt‹, konnte sie sagen,

›und willst immer nur allen Angst machen, weil keine Spur von Fröhlichkeit in dir ist. Du bist allen mit deinem ewigen ›Gott‹ und ›Gott‹ bis zum Halse! Das alles haben wir schon oft in der Kirche gehört und uns dabei bekreuzigt und uns verneigt, und nun wollen wir eben etwas Lustiges!‹

Dann entgegnete er ihr: ›Das ist nicht gut, was du da sagst, Mawra! Gott muß man immer vor Augen haben, denn so wie Er an allen Orten weilt, spricht Er auch zu dir vernehmlich, was dir gut und was nicht recht wäre.‹

Das Mädel aber hatte nichts als Widerreden über Widerreden auf diese Worte, und so endete es noch ein jedes Mal damit: ›Du bist halt ein einfacher Bauer und kein Pope, und ich brauche dir nicht zu folgen.‹

Dann gab er zur Antwort: ›Richtig, ich bin ein einfacher Bauer und dräng' mich auch gar nicht unter die Popen. Du jedoch brauchst nicht zu untersuchen, was ich für einer bin, sondern sollst dich nur an meine Worte halten. Die sind aufs Gute gerichtet und gehen auf Mitleid aus.‹

Allein seine Enkelin antwortete: ›Schon gut; aber wenn man jung ist, soll man nicht zuviel Mitleid haben; in der Jugend soll man sein Glück probieren.‹

Und dann konnte Fedoß nur noch sagen: ›Da kann man nicht helfen – du wirst es probieren, aber das wird dich nicht auf immer sättigen.‹

Ja, so war es, wo immer auch Großvater Fedoß mit den andern zusammenkam, stets waren alle gegen ihn; allein er fuhr fort zu lehren, daß man in der Stille leben müsse, ohne Lärm und Geräusch, und konnte doch niemals mit den Leuten übereinkommen, mit Mawrutka jedoch gab es, als die Feiertage heranrückten, häuslichen Unfrieden; sie bedrängte ihn: ›Großväterchen, ich brauche Mehl zum Sieben, ich will einen Fladen backen!‹

Aber das wollte er nicht und entgegnete: ›Iß nur gebeuteltes Brot, du sollst dich nicht vor den anderen hervortun.‹

Da ärgerte sich Mawra: ›Gott selber‹, sagte sie, ›hat uns besser gestellt, und da willst du einen immerfort noch quälen!‹

Fedoß erwiderte: ›Ach, Dummchen! Es weiß noch keiner, weshalb ihr eigentlich so ausgezeichnet worden seid; vielleicht gar nicht zu eurer Lust, sondern zu einer Lehre.‹

Bei einem solchen Gespräch war es, daß Mawra sich eines Tages so über Fedoß erzürnte, daß sie ihn geradezu anschrie: ›Gott verhüte, daß ich mit dir lange zusammenleben muß; wenn du doch sterben wolltest.‹

Allein auch hierüber ward Fedoß nicht zornig. ›Was ist schon dabei! ... Eine Kleinigkeit! Warte nur, ihr werdet mich bald genug beerdigen; vielleicht werdet ihr dann an mich denken.‹

Die jungen Leute brachen in ein Gelächter aus: ›Freilich, was du alles haben willst! Ausgerechnet an dich alten Brummer werden wir denken!‹

Doch auch die Greise, jene, die er als ›ehrenwert‹ bezeichnet hatte, stellten sich nicht auf seine Seite, sondern pflegten ebenfalls zu sprechen: ›Was überhebt er sich? Er will wohl besser sein als alle andern in Tagdiebern! Als kennten wir ihn nicht zur Genüge; haben wir nicht mit ihm gemeinsam Schnaps getrunken, hat er nicht auch mit den Weibern den Reigen getanzt? – Nur nicht immer so groß tun!‹

Das hörten die jungen Leute und waren's froh, und manch ein Mutwilliger konnte sich ihm nähern und sprechen: ›Großvater Fedoß!‹

›Was willst?‹

›Hör mal, was die alten Männer von dir reden.‹

›So! Na dann erzähl's mal, laß hören.‹

›Sie sagen ... du wärest ... Ich schäme mich, es wiederzuerzählen!‹

›Nun, was denn? ... was denn? Es ist doch nicht an dir, dich zu schämen!‹

›Als du noch ein junger Mann gewesen ...‹

›Ja, da war ich ein rechter Unflat! ... Damals, Brüder, hatten wir keine Schulen! Schlachtfelder hatten wir, aber keine Schulen.‹

›Es wird erzählt, du hättest einer Soldatenfrau Näschereien gebracht!‹

›Und schlimmer als das, Brüder, Schlimmeres hab

ich angestellt. Gott sei Dank, vieles davon ist schon vergessen ... Gott hat es mir, scheint's, verziehen, indes ... die Menschen wissen es noch immer. Nicht wie ich, Brüder, sollt ihr leben, sondern ihr sollt auf eine bessere Art leben, damit euch die Leute später nichts Schlimmes nachzusagen wissen.‹

Wir aber, von Mal zu Mal in immer größere Irrtümer fallend, wurden zum Schluß, Brüder, von einer solchen Unzucht ergriffen, daß uns die Milchbrote und die Fladen zu wenig schienen und wir Vergnügungen und Spiele dazu haben wollten. So kamen wir denn überein, hinter dem Rücken der Älteren uns möglichst wunderlich herauszuputzen, als Teufel und Bären und die Mädel als Zigeunerinnen, und darauf zur Wirtschaft zu springen, die jenseits des Flusses lag, und dort unsere Späße zu treiben. Das brachte Fedoß in Erfahrung und brummte darüber: ›Ach, ihr Sittenlosen!‹ sagte er, ›dann gedenkt ihr wohl mit euren Leiern an den Hungernden vorüberzuziehen und sie dadurch zu ärgern? Hör einmal, Mawra, dazu versage ich dir die Erlaubnis!‹

Da umringten wir alle Fedoß, um für sie die Erlaubnis zu erbitten: ›So erlaub ihr's doch, Fedoß Iwanowitsch, warum willst du sie ewig schmachten lassen!‹

Allein er entgegnete: ›Geht weg, ihr Hohlköpfe! Wie kann man das als ein Schmachtenlassen bezeichnen, wo ich doch nur nicht zulassen will, daß ein Mensch sich zum Narren macht!‹

›Ja, ja, so bist du immer: du verlangst von allen eine Überweisheit!‹

›Keine Überweisheit‹, versetzte er, ›ich verlange nur, was der Herr selber geboten hat – auf den Nächsten Rücksicht zu nehmen: ist dein Nächster in Not, so sollst auch du nicht tanzen.‹

›Wird es denn etwa dadurch für den Nächsten schlimmer?‹

›Versteht sich – führe du ihn nicht in Versuchung, und laß auch nicht untergehen in dir selber die Weisheit des Verstandes.‹

›Daß du immer wieder mit solchen Gelehrsamkeiten kommen mußt! Das ist wirklich lästig geworden. Und dabei hast du doch sicherlich, als du jung warst, nicht so dahergeredet, sondern bist munter gewesen wie alle andern.‹

›Nun, und was macht das?‹ erwiderte Großvater Fedoß. ›Ich habe schon oft genug eingestanden, daß ich in meinen jungen Jahren viel Dummheiten angestellt habe, aber geht daraus vielleicht hervor, daß ich euch jetzt raten muß, Schlimmes zu treiben, statt Gutes zu tun? Ach, über euch Unkluge! Mit dem Trunkenen muß man nämlich nicht dann sprechen, wenn er trunken ist, sondern wenn er sich ausgeschlafen hat. Als ich jung war, bin ich von manch einem Räuschlein trunken gewesen, jetzt aber, gelobt sei Gott, habe ich mich ausgeschlafen. Wenn ich jedoch andererseits nicht der sündige Mensch wäre, der ich bin, sondern ein Gerechter, dann würde ich ja wahrscheinlich auf eine ganz andere Manier mit euch sprechen: dann würde ich euch wahrscheinlich geradeheraus sagen: das verbietet euch Gott, Seine Strafe wird deswegen über euch kommen!‹

Wegen dieses Wortes stand alles gegen Fedoß auf.

›Nein, nein!‹ schrien sie. ›Was krächzest du da wie ein Rabe! Das hast du dir glatt alles ausgedacht! Von Fröhlichkeit wird sogar in den Kirchen gesprochen. König David hat sowohl gespielt als auch getanzt, und ist etwa auf der Hochzeit wenig Wein getrunken worden? Du sollst uns nichts aufzwingen – das ist keineswegs für uns verboten. Und wenn es wirklich die Absicht des Herrn wäre, die Leute auf eine andere Bahn zu bringen, dann hätte er wohl nicht dich gesandt, sondern einen besonderen Boten und Verkündiger.‹

Fedoß gab sich große Mühe, ihnen beizubringen, daß es nicht an uns sei zu beurteilen, welchen Boten Gottes aussende, sondern daß das Wort des Herrn ein geistlich Ding sei und seinen Samen ausstreue, durch wen immer es zu den Menschen dringe, und daß man den, der im Sinne Gottes spreche, anhören müsse und nicht erst auf expresse Boten warten solle. Denn es könnte leicht so kommen, daß, wenn ein ›Expresser‹ aufträte, niemand ihn verstehen würde.

Obgleich alle mit dem Großvater stritten, scheute sich doch ein jeder, offen gegen dessen Worte zu handeln; wenn wir auch bei der Erinnerung daran, was die Alten von der Soldatenfrau erzählten, Fedoß scheinbar weniger respektierten, konnten wir uns andererseits nicht verhehlen, daß er schon längst zu einem gerechten Mann geworden war, und dann mußten wir uns vor Fedoß schämen. Daß er vor Zeiten ein Sünder gewesen, es ist wahr, er war ein Sünder, doch nun hatte sich schon längst alles gesetzt, und er selber war zum Guten übergegangen! Einerseits wollten wir durchaus unsern Willen durchsetzen, aber andererseits schämten wir uns. Und so verbargen wir denn unsere Absichten und trafen insgeheim die Verabredung, uns am Abend vor dem Weihnachtstage im Getreidespeicher zu versammeln und dort in der Ecke im Stroh versteckt aufeinander zu warten, um dann verkleidet in hellen Haufen zu dem Schenkwirt zu ziehen. Wußten wir doch, daß es beim Wirt ein Fest geben werde, wie es sich gehörte: er hatte einen Ochsen um die Ecke gehen lassen, drei Schweine abgestochen und außerdem zwei Faß Dünnbier gebraut. Dort wollten wir also hingehen, uns toll und voll saufen und fressen, die Mädel aber mochten auf dem Heimwege sehen, wo sie blieben.

Ja, solch vortreffliche Absichten waren im Umlauf!

So waren wir denn jetzt sehr geschäftig: wir mußten verschiedenartige Kleidungsstücke herbeischaffen und sie an geheimen Plätzen verbergen. Und lebten ständig in der Angst, daß unsere hungrigen Nachbarn uns dabei beobachten und unser verborgenes Gut stehlen könnten.

Bis zum Heiligabend hatten wir ihnen immer noch Bissen gespendet, am Tage vorher indes sprachen unsere Weiber und Mädel zu ihnen: ›Hört mal, ihr Bedürftigen! Daß ihr es morgen nicht wagt, hierherzukommen, denn morgen werden wir uns in den Badestuben waschen und mit den Beilen die Bänke abschaben. Morgen haben wir für euch nichts übrig. Richtet euch eben ein, so gut ihr's versteht.‹

Mawrutka wollte ihren Putz erst dann in den Getreidespeicher tragen, wenn Großvater Fedoß in den Wald gegangen war; als alles, was es nötig hatte, in der Hütte gescheuert und saubergeschabt war, schaute sie durchs Fenster und sah, daß es draußen ein naßkaltes Schneegestöber gab, das einem ordentlich den Atem verschlug. Da dachte Mawrutka: ›Ich will schnell hinspringen, sonst kommt mir noch Großvater auf den Hals!‹ Allein, kaum hatte sie die Tür geöffnet und kaum hatte ihr der nasse Schnee ins Gesicht gepeitscht, da sah sie dicht vor sich auf einem Mühlstein an der Schwelle ein Bettelkind sitzen, das sehr eigenartig schien: das Kind hatte ein feines Gesichtchen, seine ganze Kleidung aber bestand nur aus einem zerrissenen Kittelchen, das auf den Schultern große Löcher hatte, die mit Stroh ausgestopft waren, ganz so als wären dort abgebrochene Flügelchen in Stroh gehüllt und befestigt.

Da ärgerte sich Mawrutka über das Kind.

›Was willst du‹, sagte sie, ›was soll das, daß du an einem solchen Tage hergekommen bist? Daß euch doch alle die Pest –!‹

Das Kind stand still da und schaute sie mit seinen großen Augen an.

Da sprach das Mädel: ›Was starrst du mich an mit deinen Glotzaugen? Marsch, fort!‹

Das Kind aber stand immer noch da.

Da drehte Mawrutka es um und stieß es fort: ›Marsch, in den Sumpf!‹

Und lief selber fort und spürte keinerlei Unruhe in ihrer Seele, denn es war ja doch jenen gesagt worden, daß sie an diesem Tage nicht zu kommen hätten – was schleppte es sich da her!

So lief Mawra zum Speicher und dort direkt in die entfernteste Ecke und versteckte in dieser im trockenen Stroh ihren ganzen Putz; als sie sich jedoch wieder aufrichtete, um zurückzugehen, sah sie, daß dasselbe ›glotzäugige‹ Kind auf der Torschwelle stand.

Mawrutka geriet in hellen Zorn.

›Du Rotznase‹, sagte sie, ›du spionierst mich wohl aus, um mein Eigentum zu stehlen! Das werde ich dir abgewöhnen!‹ Und schleuderte einen schweren Dreschflegel auf das Kind, einen Dreschflegel, der das Kind sofort hätte töten müssen, Gott aber war gnädig – er flog vorbei, der Dreschflegel, worüber sie freilich in noch größere Wut geriet und hinter dem Kinde herlief. Dieses jedoch hatte sich entweder hinter einer Ecke versteckt, oder es war vor Furcht in eine Getreidedarre geschlüpft, jedenfalls fand Mawra es nicht und ging schnell nach Hause, um früher da zu sein, noch ehe Großvater Fedoß aus dem Walde heimkäme, und war dabei voller Angst, als stünde ihr irgendein Unheil bevor oder als würde sie von jemand verfolgt.

Je schneller sie aber lief, desto mehr sank ihr der Mut, und zudem schien ihr noch jemand vor ihrem Hause zu sein ...

Mawrutka schaute schärfer hin: konnte es möglich sein, daß das glotzäugige Kind wieder dort war? ...

Ein gleichaltriges Mädel ging, einen Eimer tragend, an ihr vorüber und fragte sie: ›Was hast du? Hast du dir am Ende den Fuß verrenkt?‹

Allein Mawrutka winkte ihr nur zu und fragte sie: ›Hör mal, kannst du unser Haus von hier aus sehen?‹

›Das kann ich.‹

›Sag mal, was sitzt da vor unserm Haus unterm Fenster auf dem Bänkchen?‹

›Na, Großvater Fedoß doch ...‹

›Solltest du vielleicht plötzlich hühnerblind geworden sein?‹

›Wieso denn! Wo ich ihn doch ganz klar sehe, wie seine Hände in Fäustlingen stecken und wie er sich auf die Krücke stützt. Schwer plagt ihn soeben der Husten ...‹

›Siehst du dort nicht auch einen glotzäugigen Balg?‹

›Ein glotzäugiges Kind ging heute im Dorf von Tür zu Tür, jetzt aber ist es futsch ...‹

Da sagte ihr Mawrutka, daß sie noch soeben das glotzäugige Kind gesehen und daß dieses ausspioniert habe, wo sie ihren Putz versteckt hätte.

›Und jetzt‹, sagte sie, ›meine ich immer, daß dieses Ekel meinen Putz finden und stehlen wird.‹

›Lauf hin und versteck ihn woanders!‹

›Richtig, ich will hinlaufen!‹

Und fühlte dabei doch selber, daß es ihr jetzt im Speicher nicht mehr ganz geheuer sein würde.

Nach Hause gekommen, machte Mawra es dem Großvater wieder nicht recht, so daß er zu ihr sprach: ›Du hast wahrscheinlich fest im Sinn, deinen Kopf durchzusetzen. Gib fein acht, daß dabei kein Unglück entsteht!‹

Sie erwiderte: ›Du wirst mich nicht zurückhalten!‹

›Warum mit Gewalt zurückhalten ... ist nicht notwendig ... Aber sag mal, was gefällt dir denn dabei so gut? ... Wenn ihr heimgeht, paßt auf, daß euch die Jungens nicht noch etwas antun.‹

›Da krächzt er, schon wieder krächzt er! Wir fürchten keinen, und dort wird es ein Fest geben, wie es sich gehört – sie haben einen Ochsen geschlachtet und drei Schweine und mit Malz ein Dünnbier gebraut ...‹

›Schau an, was alles für Verrücktheiten vorbereitet worden sind! Gebraut und geschlachtet ...‹

›Dir tun wohl gar die Schweine leid!‹

›Ein Rabe selbst, auch ein Rabe täte mir leid; sogar um sein Köpfchen kümmert sich eine höhere Vorsehung ...‹

›Um ein Rabenköpfchen?‹

›Ja!‹

›Vorsehung?‹

›Ja!‹

›Pfui!‹

Mawra spuckte laut aus.

Der Großvater sagte: ›Warum spuckst du?‹

›Ich spuck auf deine Worte.‹

›Auf meine kannst du spucken, aber sei nicht frech zum Hausherrn.‹

›Den brauche ich eben nicht.‹

›Schau mir einer an!‹

›Natürlich! ... Mag er fremden Pferden die Mähnen zausen.‹

›Was schwatzest du da, Törin! Wo ich doch zu dir von Dem spreche, für Den wir alle arbeiten müssen!‹

›Ich aber kann das nicht begreifen und will auch nicht.‹

›Was, du willst nicht arbeiten?‹

›Ich denk nicht dran.‹

›Und wirst doch müssen. Denn nicht alle arbeiten aus freiem Willen, es werden manche dazu gezwungen. Und so wirst auch du arbeiten müssen.‹

Trotz ihres Zornes mußte Mawra lachen und entgegnete: ›Hör auf, Großvater, wahrhaftig, man kann sehen, daß du von Sinnen bist!‹

Da sah sie der Großvater nur an und erwiderte: ›Der Herr sei mit dir, du gescheites Mädel!‹ und kroch stumm auf die Ofenbank; sie aber ergriff seine Laterne mit der Kerze darin, verbarg sie und eilte hastig zum Speicher, um ihren Putz anderswo zu verstecken.

Im Speicher war bereits alles dunkel, und es drang von allen Seiten die Furcht auf sie ein und mit dieser das Grauen: es packte sie geradezu an den Schultern und verwirrte ihr die Beine. Sie dachte: ich will schnell das Licht anstecken, dann werde ich mehr Mut haben; sie strich mit dem Zündholz einmal und noch einmal, und da war ihr, als flöge etwas dicht an ihrem Gesicht vorüber. Endlich hatte sie die Laterne angesteckt und bekreuzigte sich, doch kaum war sie in die Ecke gelangt, in der sich das Stroh befand, da flog von der einen Seite ein kleines Vöglein zu ihr heran und von der anderen ein anderes, ganz so, als wollten sie es ihr nicht erlauben!

Und plötzlich erkannte sie, daß ihr dies nicht nur so vorkam, sondern daß es in Wahrheit so war: die kleinen Spatzen kamen von irgendwoher hier zusammen und flatterten ins Licht und fielen aufs Stroh und saßen dort mit gesträubtem Gefieder und schauten sie an ...

›Ich will es schnell herausreißen und fortlaufen‹, dachte Mawra und begann hastig mit beiden Händen im Stroh zu wühlen, mit eins aber bewegte sich etwas unter ihrer Hand und krabbelte ... Sie griff fester zu, und plötzlich flog noch ein Spatz herab und flatterte und zwitscherte ... ›Pfui Teufel, was suchst du da? Verdammter!‹ Und griff ihn und riß ihm den Kopf ab und hatte dabei nicht bemerkt, wie sie, wild vor Wut, die Laterne umgeschmissen hatte und wie durch diese mit einemmal das ganze Stroh Feuer faßte; aus dem Stroh aber, aus dem Haufen – was sagt ihr wohl dazu! – erhob sich jenes selbe glotzäugige Kind und hatte Blutstropfen auf der kleinen Stirn.

Da freilich vergaß Mawra alles und stürzte fort,

Stephan Lochner: Anbetung des Kindes

das Feuer jedoch fegte mit dem Sturm durch das ganze Dorf und legte in einer Stunde alles in Asche, wofür wir gelebt und womit wir geprahlt ...

Schlimmer war es nun um uns bestellt als um jene, die uns vormals zur Last gefallen waren, denn nicht nur war unser ganzes Korn verbrannt, sondern wir hatten nicht einmal mehr Schlupfwinkel, in denen wir hausen konnten, und mußten daher nun unsererseits zu unsern Bettlern gehen und diese anflehen, ob wir nicht bis zu den warmen Tagen bei ihnen wohnen dürften.

Bei jenem Feuerschaden hatte sich Großvater Fedoß am ganzen Leibe versengt und stand nicht mehr auf; trotzdem aber blies er immer noch ins gleiche Horn und sagte den andern als Trost: ›Macht nichts‹, sagte er, ›was Gott sendet, ist alles gut. Da wir noch Gottes Lieblinge waren, da hatten wir uns freilich ganz vergessen und wollten nichts als unsere Narreteien ausführen, jetzt freilich wird uns der Herr wieder auf einen besseren Weg bringen.‹

Und starb mit diesen Worten – mit eben diesem Glauben!

Was das aber für ein Kind war und von wo es gekommen und wohin es beim Feuerschaden geraten war, das hat späterhin niemand in Erfahrung bringen können, und so begann man denn zu sprechen, es sei ein Engel gewesen, und wir seien deshalb bestraft worden, weil wir so mitleidlos zu ihm gewesen seien. – ›Gleichviel‹, hatte schon Fedoß gesagt, ›was das auch für ein Kind gewesen sein möge – ein armes Kind ist immer Gottes Bote, denn es dient dem Herrn, wenn Er unsere Herzen kennenlernen will ...‹ So gebt denn auch ihr alle fein acht, denn es kann einem jeden von euch geschehen, daß er einmal einem solchen Boten begegnet!«

Nikolai Leskow

Der Tannenbaum

Draußen im Walde stand ein niedlicher Tannenbaum; er hatte einen guten Platz, die Sonne konnte zu ihm dringen, Luft war genug da, und rundumher wuchsen viele größere Kameraden, Tannen und Fichten. Aber der kleine Tannenbaum wollte nur immer wachsen und wachsen; er dachte nicht an den warmen Sonnenschein und die frische Luft, bekümmerte sich nicht um die Bauernkinder, die dort gingen und plauderten, wenn sie draußen im Walde umherschwärmten, um Erdbeeren und Himbeeren zu sammeln. Oftmals kamen sie mit einem ganzen Topfe voll oder hatten Erdbeeren auf Strohhalme gezogen. Dann setzten sie sich neben das Bäumchen und sagten: »Nein, wie niedlich klein ist der!« Das gefiel dem Baume durchaus nicht.

Im nächsten Jahre war er schon um einen langen Schuß größer, und das Jahr darauf war er wieder noch um einen länger; denn bei einem Tannenbaume kann man, sobald man zählt, wie oft er einen neuen Trieb angesetzt hat, genau die Jahre seines Wachstums berechnen.

»Oh, wäre ich doch ein so großer Baum wie die anderen!« seufzte das Bäumchen. »Dann könnte ich meine Zweige weit ausbreiten und mit dem Gipfel in die weite Welt hinausschauen! Dann würden die Vögel ihre Nester zwischen meinen Zweigen bauen, und wenn es stürmte, könnte ich so vornehm nicken wie dort die anderen.« Weder der Sonnenschein noch die Vögel oder die roten Wolken, die morgens und abends über ihn hinsegelten, machten ihm Freude. War es nun Winter und Schnee lag ringsherum blendend weiß, dann kam oft ein Hase gesprungen und setzte gerade über das Bäumchen fort. Oh, das war empörend! Aber zwei Winter verstrichen, und im dritten war der Baum schon so hoch, daß der Hase um ihn herumlaufen mußte. Oh, wachsen, wachsen, groß und alt werden, das ist doch das einzig Schöne in der Welt! dachte der Baum. Im Spätherbst erschienen regelmäßig Holzhauer und fällten einige der größten Bäume. Das geschah jedes Jahr, und den jungen Tannenbaum, der nun schon tüchtig in die Höhe geschossen war, befiel Zittern und Beben dabei, denn mit Gepolter und Krachen stürzten sie zur Erde, die Zweige wurden ihnen abgehauen, sie sahen nun ganz nackt, lang und schmal aus, sie waren kaum noch wiederzuerkennen. Dann aber wurden sie auf Wagen gelegt, und Pferde zogen sie von dannen zum Wald hinaus.

Wohin sollten sie? Was stand ihnen bevor?

Als im Frühjahr die Schwalbe und der Storch kamen, fragte sie der Baum: »Wißt ihr nicht, wohin sie geführt wurden? Seid ihr ihnen nicht begegnet?«

Die Schwalbe wußte nichts, doch der Storch sah

sehr nachdenklich aus, nickte mit dem Kopfe und sagte: »Ja, ich glaube fast; mir begegneten auf meiner Rückreise von Ägypten viele neue Schiffe. Auf denselben standen prächtige Mastbäume; ich darf wohl behaupten, daß sie es waren; sie verbreiteten Tannengeruch. Ich kann vielmals grüßen, sie überragen alles, sie überragen alles!«

»Oh, wäre ich doch auch groß genug, um über das Meer hinzufliegen. Wie ist es eigentlich, dieses Meer, und wem ähnelt es?«

»Ja, das ist etwas weitläufig zu erklären!« sagte der Storch und ging.

»Freue dich deiner Jugend!« sagten die Sonnenstrahlen. »Freue dich deines Wachstums, des jungen Lebens, das dich erfüllt!«

Und der Wind küßte den Baum, und der Tau weinte Tränen über ihn, allein der Tannenbaum verstand es nicht. In der Weihnachtszeit wurden ganz junge Bäume gefällt, Bäume, die nicht einmal so groß waren, noch in demselben Alter standen wie dieses Tannenbäumchen, das weder Ruh noch Rast hatte, sondern nur immer weiter wollte. Diese jungen Bäumchen, und es waren gerade die allerschönsten, behielten immer ihre Zweige, sie wurden auf Wagen gelegt, und Pferde zogen sie aus dem Walde.

»Wohin sollen sie?« fragte der Tannenbaum. »Sie sind nicht größer als ich, ja, da war sogar einer, der noch weit kleiner war. Weshalb behielten sie alle ihre Zweige? Wo fahren sie hin?«

»Das wissen wir, das wissen wir!« zwitscherten die Sperlinge.

»Unten in der Stadt haben wir zu den Fenstern hineingeschaut. Wir wissen, wohin sie fahren! Oh, sie gelangen zur größten Pracht und Herrlichkeit, die sich denken läßt! Wir haben zu den Fenstern hineingeschaut und gesehen, daß sie mitten in die warme Stube hineingepflanzt und mit den herrlichsten Sachen, mit vergoldeten Äpfeln, Honigkuchen, Spielzeug und vielen hundert Lichtern ausgeschmückt wurden!«

»Und dann?« fragte der Tannenbaum und bebte in allen Zweigen. »Und dann? Was geschieht dann?«

»Ja, mehr haben wir nicht gesehen, es war unvergleichlich!«

»Ob auch mir dieses Los zufallen wird, diesen strahlenden Weg zu gehen?« jubelte das Bäumchen. »Das ist noch besser, als über das Meer zu gehen. Wie mich die Sehnsucht verzehrt! Wäre es doch Weihnachten! Jetzt bin ich hoch und und erwachsen wie die anderen, welche das letztemal fortgeführt wurden. Oh, wäre ich erst auf dem Wagen! Wäre ich erst in der warmen Stube mit all ihrer Pracht und Herrlichkeit! Und dann? Ja, dann kommt noch etwas Besseres, noch Schöneres, weshalb würde man mich sonst so ausschmücken! Da muß noch etwas Größeres, noch etwas Herrlicheres kommen ...! Aber was! Oh, ich leide, mich verzehrt die Sehnsucht; ich weiß selber nicht, wie mir zumute ist!«

»Freue dich meiner!« sagten die Luft und der Sonnenschein; »freue dich deiner frischen Jugend draußen im Freien!«

Aber das Bäumchen freute sich gar nicht; es wuchs und wuchs, Winter und Sommer stand es grün; dunkelgrün stand es da! Die Leute, die es sahen, sagten: »Das ist ein hübscher Baum!«, und zur Weihnachtszeit wurde er zuerst von allen gefällt! Die Axt hieb tief durch das Mark; der Baum fiel mit einem Seufzer zu Boden. Er fühlte einen Schmerz, eine Ohnmacht, er vermochte an gar kein Glück zu denken. Er war betrübt, von der Heimat zu scheiden, von dem Flecke, auf dem er emporgeschossen war. Er wußte ja, daß er nie mehr die lieben, alten Kameraden, die kleine Büsche und Blumen ringsumher, ja vielleicht nicht einmal die Vögel sehen würde. Die Abreise war durchaus mit keiner Behaglichkeit verbunden.

Der Baum kam erst wieder zu sich, als er im Hofe, mit den anderen Bäumen abgeladen, einen Mann sagen hörte: »Der ist prächtig! Wir brauchen keinen anderen!«

Nun kamen zwei Diener im vollen Staate und trugen den Tannenbaum in einen großen, prächtigen Saal. Ringsumher an den Wänden hingen Porträts, und neben dem großen Ofen standen chinesische Vasen mit Löwen auf den Deckeln. Da gab es Schaukelstühle, Sofas mit seidenen Überzügen, große Tische, bedeckt mit Bilderbüchern und Spielzeug für hundertmal hundert Taler – wenigstens behaupteten das die Kinder. Der Tannenbaum wurde in ein großes, mit Sand gefülltes Gefäß gestellt, doch konnte niemand bemerken, daß es ein Gefäß war, denn es wurde ringsherum mit grünem Zeug behängt und stand auf einem großen bunten Teppiche. Oh, wie der Baum bebte! Was sollte doch nun geschehen? Sowohl die Diener als auch die Fräulein kamen und putzten ihn aus. Über die Zweige hängten sie kleine, aus buntem Papier ausgeschnittene Netze; jedes Netz war mit Zuckerwerk gefüllt. Vergoldete Äpfel und Walnüsse hingen wie festgewachsen herab, und über hundert rote, blaue und weiße Lichterchen wurden an den Zweigen befestigt. Puppen, die wie leibhaftige Menschen aussahen – der Baum hatte solche nie zuvor gesehen – schwebten im Grünen, und ganz oben auf der Spitze strahlte ein Stern von Flittergold. Es war prächtig, ganz und unvergleichlich prächtig!

»Heute abend«, sagten alle, »heute abend wird er strahlen!« Oh! dachte der Baum, wäre es doch erst Abend! Würden doch nur die Lichter bald angezündet! Und was mag dann geschehen? Ob wohl die Bäume aus dem Walde kommen und mich anschauen? Ob die Sperlinge gegen die Fensterscheiben fliegen? Ob ich hier festgewachsen und Winter und Sommer geschmückt dastehen werde?

Er wußte wirklich gut Bescheid! Aber er hatte aus lauter Sehnsucht förmlich Borkenweh, und Borkenweh ist für einen Baum ebenso schlimm, wie Kopfweh für uns andere.

Nun wurden die Lichter angezündet. Welcher Glanz! Welche Pracht! Der Baum bebte in allen Zweigen dabei, so daß einige Nadeln an einem der Lichter Feuer fingen. Es sengte ordentlich.

»Gott bewahre uns!« schrien die Fräulein und löschten es schnell aus.

Nun durfte der Baum nicht einmal beben. Oh, das war ein Graus! Er war so besorgt, etwas von all seinem Staate zu verlieren; er war von all dem Glanze wie betäubt. – Und nun öffneten sich beide Flügeltüren, und eine Menge Kinder stürzten herein, als ob sie den ganzen Baum umrennen wollten. Die älteren Leute kamen bedächtig hinterher; die Kleinen standen ganz stumm, aber nur einen kurzen Augenblick, dann jubelten sie wieder so, daß es widerhallte. Sie tanzten um den Baum, und ein Geschenk nach dem anderen wurde abgepflückt.

Was haben sie nur vor? dachte der Baum. Was soll da geschehen? Die Lichter brannten bis auf die

Zweige herunter, und darauf löschte man sie aus, und die Kinder erhielten Erlaubnis, den Baum zu plündern. Oh, die stürzten auf ihn los, daß es in allen Zweigen krachte. Wäre er nicht mit der Spitze und dem goldenen Stern an der Decke befestigt gewesen, so hätten sie ihn sicher umgeworfen.

Die Kinder tanzten nun mit ihrem prächtigen Spielzeug umher. Niemand beachtete den Baum, mit Ausnahme der alten Kinderfrau, die aufmerksam zwischen die Zweige blickte; aber sie wollte nur nachsehen, ob nicht eine Feige oder ein Apfel vergessen war.

»Eine Geschichte, eine Geschichte!« riefen die Kinder und zerrten einen kleinen, dicken Mann nach dem Baume hin. Er setzte sich gerade unter denselben hin, »denn so«, meinte er, »sind wir im Grünen, und der Baum kann sich besonders eine Lehre daraus ziehen, wenn er gut aufmerkt. Aber ich erzähle nur eine Geschichte. Wollt ihr die von Ivede-Avede hören oder die von Klumpe-Dumpe, der die Treppe hinabfiel und sich doch auf den Thron schwang und die Prinzessin erhielt?«

»Ivede-Avede!« schrien einige, »Klumpe-Dumpe!« schrien andere. Was war das für ein Rufen und Durcheinanderschreien! Nur der Tannenbaum schwieg still und dachte: Soll ich nicht mitraten, will ich auch nicht mittaten! Seine Rolle war vorüber, er hatte ja seine Schuldigkeit getan!

Der Mann erzählte von Klumpe-Dumpe, der die Treppe hinabfiel und sich doch auf den Thron schwang und die Prinzessin erhielt. Und die Kinder klatschten in die Hände und riefen: »Erzähle, erzähle!« Sie wollten auch noch die Geschichte von Ivede-Avede hören, mußten sich aber mit Klumpe-Dumpe begnügen. Der Tannenbaum stand ganz still und gedankenvoll, nie hatten die Vögel draußen im Walde dergleichen erzählt. Klumpe-Dumpe fiel die Treppe hinab und bekam doch die Prinzessin! Ja, ja, so geht es in der Welt zu! dachte der Tannenbaum und hielt es für Wahrheit, weil der Erzähler ein so netter Mann war. Ja, ja, wer kann wissen, vielleicht falle ich auch die Treppe hinab und bekomme eine Prinzessin! Und er freute sich darauf, den nächsten Tag wieder mit Lichtern und Spielzeug, mit Gold und Früchten bekleidet zu werden.

Morgen werde ich nicht zittern! dachte er. Ich werde eine recht herzliche Freude über alle meine Herrlichkeit empfinden. Morgen werde ich wieder die Geschichte von Klumpe-Dumpe hören und vielleicht auch die von Ivede-Avede. Und der Baum stand die ganze Nacht still und gedankenvoll da.

Am folgenden Morgen traten die Diener und Mägde herein.

Nun beginnt der Staat von neuem! dachte der Baum, aber sie schleppten ihn zum Zimmer hinaus, die Treppe hinauf bis auf den Boden, und dort stellten sie ihn in einen dunklen Winkel, wohin kein Tageslicht fiel. Was hat denn das zu bedeuten? dachte der Baum. Was habe ich denn hier zu tun? Was mag ich denn hier hören sollen? Er lehnte sich gegen die Mauer und stand da und sann und sann. Und Zeit hatte er genug dazu, denn es verstrichen Tage und Nächte. Niemand kam herauf, und als endlich jemand kam, geschah es nur zu dem Zwecke, einige große Kästen in den Winkel zu stellen. Der Baum stand so versteckt, daß man hätte meinen können, er wäre rein in Vergessenheit geraten.

Nun ist draußen Winter! dachte der Baum. Die Erde ist hart und mit Schnee bedeckt, die Menschen können mich nicht pflanzen; deshalb soll ich wahrscheinlich bis zum Frühling hier im Schutze stehen! Wie fürsorglich das doch ist! Wie gut die Menschen doch sind! Wäre es hier nur nicht so dunkel und so erschrecklich einsam! Nicht einmal ein Häschen ist hier zu finden! Draußen im Walde war es doch lustig, wenn der Schnee lag und der Hase vorübersprang, ja selbst wenn er über mich hinwegsetzte; aber damals gefiel es mir freilich nicht. Hier oben ist es doch entsetzlich einsam!

»Piep, piep!« sagte plötzlich eine kleine Maus und schlüpfte hervor, und darauf kam noch eine kleine. Sie schnüffelten an dem Tannenbaume und schmiegten sich durch die Zweige desselben.

»Es herrscht eine furchtbare Kälte!« sagten die

Mäuschen. »Sonst ist hier ein vortrefflicher Aufenthalt! Nicht wahr, du alter Tannenbaum?«

»Ich bin noch gar nicht alt!« versetzte der Tannenbaum. »Es gibt viel ältere, als ich bin!«

»Wo kommst du her?« fragten die Mäuse. »Und was weißt du?« Sie waren gewaltig neugierig. »Erzähle uns doch von dem herrlichsten Plätzchen auf Erden! Bist du schon dort gewesen? Bist du schon in der Speisekammer gewesen, wo Käse auf den Brettern liegen und Schinken unter der Decke hängen, wo man auf Talglichtern tanzt, mager hineingeht und fett herauskommt?«

»Die kenne ich allerdings nicht«, sagte der Baum, »aber den Wald kenne ich, wo die Sonne scheint und die Vögel singen!« Darauf erzählte er ihnen alle Erlebnisse seiner Jugend, und die Mäuschen hatten dergleichen nie zuvor gehört, lauschten aufmerksam zu und sagten: »Wieviel du doch gesehen hast! Wie glücklich du gewesen bist!«

»Ich!« versetzte der Tannenbaum und dachte nun erst über seine eigene Erzählung nach. »Ja, im Grunde waren es recht lustige Zeiten!« Aber dann erzählte er vom Weihnachtsabend, wo er mit Kuchen und Lichtern aufgeputzt war.

»Oh!« sagten die Mäuschen. »Wie glücklich du gewesen bist, du alter Tannenbaum!«

»Ich bin durchaus nicht alt!« erwiderte der Tannenbaum. »Erst in diesem Winter bin ich ja aus dem

Walde gekommen! Ich stehe in meinem allerbesten Alter, ich bin nur sehr gewachsen!«

»Wie schön du erzählst!« sagten die Mäuschen, und in der nächsten Nacht kamen sie mit vier anderen kleinen Mäusen wieder, die auch den Baum sollten erzählen hören, und je mehr er erzählte, desto lebhafter trat es ihm selbst vor die Augen, und er dachte: Es waren doch wirklich glückliche Zeiten! Aber sie können wiederkommen, sie können wiederkommen! Klumpe-Dumpe fiel die Treppe hinab und bekam doch die Prinzessin, vielleicht kann ich auch eine Prinzessin bekommen!

Und dabei fiel dem Tannenbäumchen eine kleine Birke ein, die draußen im Walde wuchs und ihm wie eine leibhaftige schöne Prinzessin erschien.

»Wer ist Klumpe-Dumpe?« fragten die Mäuschen. Nun erzählte der Tannenbaum das ganze Märchen, dessen er sich Wort für Wort entsinnen konnte. Und die Mäuschen wären aus lauter Freude fast in die Spitze des Baumes gesprungen. In der folgenden Nacht versammelten sich noch weit mehr Mäuse, und am Sonntage kamen sogar zwei Ratten. Die behaupteten aber, die Geschichte sei nicht lustig, und das betrübte die Mäuschen, denn sie kam ihnen nun auch schon weniger schön vor.

»Können Sie nur die eine Geschichte erzählen?« fragten die Ratten.

»Nur die eine!« antwortete der Baum. »Ich hörte

sie an meinem glücklichsten Abend, aber damals dachte ich nicht daran, wie glücklich ich war!«

»Das ist eine höchst elende Geschichte! Wissen Sie keine von Speck und Talglichtern? Keine Speisekammergeschichten?«

»Nein!« sagte der Baum. – »Nun, dann danken wir dafür!« erwiderten die Ratten und kehrten zu den Ihrigen zurück.

Zuletzt blieben die Mäuschen auch fort, und da seufzte der Baum: »Es war doch ganz hübsch, als sie um mich saßen, die munteren Mäuschen, und auf meine Erzählungen lauschten! Nun ist das gleichfalls vorbei. Aber meine Freude soll von neuem beginnen, wenn ich wieder hervorgeholt werde!«

Aber wann ereignete sich das? – Ja, es war eines Morgens, da kamen Leute herauf und kramten auf dem Boden umher. Die Kasten erhielten einen anderen Platz, und der Baum wurde hervorgezogen. Sie warfen ihn allerdings etwas unsanft auf den Fußboden, aber sofort schleppte ihn ein Hausknecht zur Treppe hin, wo das Tageslicht schimmerte.

Nun beginnt das Leben wieder! dachte der Baum. Er fühlte die frische Luft, den ersten Sonnenstrahl – und nun war er draußen auf dem Hofe. Alles ging so schnell, daß der Baum völlig vergaß, sich selbst zu betrachten; zuviel Neues war ringsherum anzustaunen. Der Hof stieß an einen Garten, und alles stand darin in voller Blüte. Die Rosen hingen frisch und duftend über den kleinen Staketenzaun hinüber, die Lindenbäume blühten, und die Schwalben flogen umher und zwitscherten: »Quirre virrevit, mein Mann ist gekommen!« Aber den Tannenbaum meinten sie damit nicht. »Nun will ich leben!« jubelte dieser und breitete seine Zweige weit aus. Ach, sie waren alle vertrocknet und gelb, und zwischen Unkraut und Nesseln lag er in einem Winkel da. Der Goldpapierstern saß noch oben auf der Spitze und leuchtete im hellsten Sonnenscheine.

Auf dem Hofe selbst spielten ein paar von den lustigen Kindern, die am Weihnachtsabend um den Baum getanzt hatten und dabei so fröhlich gewesen waren. Eines der kleinsten lief hin und riß den Goldstern ab.

»Sieh, was da noch an dem alten häßlichen Tannenbaume sitzt!« rief es und trat auf die Zweige, daß sie unter seinen Stiefeln knackten. Und der Baum betrachtete all die Blumenpracht und Frische im Garten, betrachtete dann sich selbst und wünschte, daß er in seinem finstern Winkel auf dem Boden geblieben wäre. Er gedachte seiner frischen Jugend im Walde, des lustigen Weihnachtsabends und der kleinen Mäuse, die so fröhlich der Geschichte von Klumpe-Dumpe zugelauscht hatten.

»Vorbei, vorbei!« seufzte der arme Baum. »Hätte ich mich doch gefreut, als ich es noch konnte! Vorbei, vorbei!«

Der Hausknecht kam und hieb den Baum in kleine Stücke, ein ganzes Bund lag da; hell loderte es auf unter dem großen Braukessel. Er seufzte tief, jeder Seufzer ertönte wie ein kleiner Schuß. Deshalb liefen die Kinder, die draußen spielten, herbei, setzten sich vor das Feuer, schauten hinein und riefen: »Piff, paff!« Aber bei jedem Knalle, der ein tiefer Seufzer war, gedachte der Baum eines Sommertages im Walde, einer Winternacht draußen, wenn die Sterne glänzten. Er gedachte des Weihnachtsabends und des Klumpe-Dumpe, des einzigen Märchens, das er gehört hatte und zu erzählen wußte – und dann war der Baum verbrannt.

Die Knaben spielten im Hofe, und der kleinste hatte auf der Brust den Goldstern, den der Baum an seinem glücklichsten Abende getragen hatte. Nun war dieser vorüber und mit diesem auch der Baum nebst seiner Geschichte. Vorbei, vorbei – und so geht es mit allen Geschichten.

Hans Christian Andersen

Der Christbaum der armen Kinder

Kinder sind ein seltsames Volk: Sie drängen sich in Träume und Gedanken. Vor Weihnachten und dann wieder am Christabend selbst begegnete mir regelmäßig an einer bestimmten Straßenecke ein kleiner Junge. Trotz der grimmigen Kälte war er fast sommermäßig gekleidet. Er ging mit dem »Händchen«, so lautet der technische Ausdruck, und er bedeutet betteln. Den Ausdruck haben diese Jungen selbst erfunden. Solche Jungen wie er gibt es eine Menge, sie laufen einem überall in den Weg und jammern etwas Auswendiggelerntes. Dieser aber jammerte nicht und sprach auch unschuldig und außergewöhnlich, und seine Augen sahen mich voll Vertrauen an.

Solch ein junger Wildling weiß oft so gut wie nichts, weder in welchem Land er wohnt noch welcher Nation er angehört, ob es einen Gott gibt, einen Zaren oder – ja, man spricht von so viel Unwissenheit bei ihnen, daß man es kaum glauben kann. Und dennoch sind dies Tatsachen.

Doch ich bin ein Schriftsteller, und ich glaube, diese »Geschichte« habe ich selbst erfunden. Aber es scheint mir, daß sie irgendwann, irgendwo wirklich geschehen sei, am Christabend in einer großen Stadt und bei arger Kälte.

Ich sehe einen kleinen Jungen, der in einem feuchten und kalten Keller erwachte. Er hatte nur ein altes Kittelchen an und zitterte vor Kälte. Er sah seinen Atem, der wie ein weißer Dampf seinem Mund entströmte, und da es langweilig war, auf dem Koffer im Winkel zu sitzen, so hauchte er immer wieder diesen Atem recht stark heraus und sah dann zu, wie der Dampf sich ballte und verschwand. Aber er hatte Hunger und wollte etwas essen. Er war schon mehrmals zu der Lagerstätte gegangen, wo auf einem alten, dünnen Schlafsack, irgendein Bündel Kissen unter dem Kopf, seine kranke Mutter lag. Wie sie hierherkam? Vermutlich war sie mit ihrem Jungen aus einer anderen Stadt gekommen und hier erkrankt. Die Winkelvermieterin des Kellers war schon vor zwei Tagen von der Polizei abgeführt worden, und die anderen Winkelmieter hatten sich verlaufen.

Auf dem Flur fand der Junge etwas zu trinken, aber eine Brotkruste war nirgends zu finden, und wieder versuchte er, seine Mutter aufzuwecken. Ihm wurde schließlich bange in der Dunkelheit: Es war schon längst dunkel geworden, aber niemand machte Licht. Als seine Hand das Gesicht der Mutter berührte, wunderte er sich, daß es so kalt war wie die Wand. »Das ist hier aber mal kalt!« dachte er, und dabei fiel ihm sein Mützchen ein, das auf seinem Lager lag. Als er es aufgesetzt hatte, beschloß er, den

Kellerraum zu verlassen. Und schon stand er draußen.

O Gott, was war das für eine Stadt! Dort, von wo er mit der Mutter gekommen war, war es so finster wie die Nacht. Die Fenster der niedrigen Häuser wurden abends mit Läden verschlossen; auf der Straße war, sobald nur die Dämmerung sank, niemand mehr zu sehen. Doch warm war es dort gewesen, und man hatte ihm zu essen gegeben. Hier aber – ach, wenn er doch nur etwas zu essen hätte! Und was ist das nur für ein Lärm und Gesumm, und wieviel Licht und Menschen und Pferde und Wagen – und die Kälte! Aus den Nüstern der heißgejagten Tiere strömt weißer Dampf, durch den weichen, lokkeren Schnee schlagen die Hufe zuweilen hellklingend auf das Steinpflaster. Und wie die Menschen sich alle drängen! Und, lieber Gott, wie gern er etwas essen würde, wenn auch nur ein kleines Stückchen, gleichviel was. Und die Finger schmerzen so sehr.

Und da ist wieder eine andere Straße. Da ist es aber wirklich schön. Aber was ist denn das? Oh, was für ein großes Fenster, und hinter dem Fenster ist ein Zimmer, und in diesem Zimmer ist ein Baum bis an die Decke, ein Christbaum, eine große Tanne, und an der flimmern so viel Flämmchen, so viele goldene Sachen und hängen Äpfel, und ringsum sind Püppchen und Pferde, und Kinder laufen im Zimmer umher, und alle sind sie so festlich gekleidet, so sauber und schön, und sie lachen und spielen und trinken und essen schönes Naschwerk. Und da hört man auch Musik, durch die großen Scheiben hört man sie ganz deutlich. Der kleine Junge schaut und wundert sich, aber dann spürt er doch wieder, daß ihn die Hände so schmerzen, und er läuft weiter.

Wieder sieht er durch ein Fenster ein Zimmer. Dort sind mehrere solcher Bäume, aber nicht so große, und auf den Tischen sind lauter Kuchen, rote und gelbe und weiße und braune, und hinter dem langen Tisch stehen vier reichgekleidete Damen, und jedem, der an den Tisch kommt, geben sie von ihren schönen Kuchen. Die Tür öffnet sich jeden Augenblick, und viele Menschen gehen von der Straße zu ihnen hinein. Der Junge steht und guckt; und wie die Tür sich wieder öffnet, da schlüpft auch er hinein.

Ach, wie man ihm böse ist, ihn anschreit und fortjagt! Eine von den Damen kommt schnell auf ihn zu, gibt ihm eine Kopeke, und dann öffnet sie selbst die Tür und schickt ihn wieder hinaus auf die Straße ... Wie er erschrak! Die Kopeke fiel ihm gleich aus der Hand und schlug klingend auf die Treppenstufe. Er konnte die blauroten Finger nicht mehr biegen, um sie zu halten.

So schnell er kann, läuft er weiter. Aber wohin? Er ist so traurig, so bitter traurig darüber, daß er sich so allein und verlassen fühlt, und Bangigkeit will wieder über ihn kommen. Doch plötzlich – was gibt es dort wieder zu sehen? Da stehen die Menschen dicht gedrängt und staunen: Hinter großen Scheiben stehen drei kleine Puppen in roten und grünen Kleidchen, und ein alter Mann spielt auf einer großen Geige, zwei andere spielen auf kleinen Geigen und nicken dazu im Takt mit den Köpfen. Zuerst dachte das Kind, daß sie alle wirklich lebendig seien, als es aber dann erriet und sich überzeugte, daß es Püppchen waren, da mußte es lachen. Solche Püppchen hatte der Kleine noch nie gesehen.

Plötzlich fühlte er, daß ihn jemand hinten am Röckchen packt: Ein großer Junge steht hinter ihm, haut ihn plötzlich auf den Kopf, reißt ihm das Mützchen ab und versetzt ihm einen derben Tritt. Der Kleine fällt hin. Doch da schreit schon alles und schilt, daß ihm angst und bange wird und er aufspringt und läuft und läuft, bis die hellen Straßen hinter ihm liegen. Unter einem Hoftor kriecht er auf einen fremden Hof und hockt sich dort hinter einem Holzstapel hin. »Hier wird man mich nicht finden, und es ist auch dunkel«, denkt er.

Und so hockt er ganz still und kauert sich zusammen und kann kaum noch atmen vor Angst. Aber plötzlich, ganz plötzlich, wird ihm so wohl, die Füße und Hände schmerzen nicht mehr, und ihm wird so warm wie auf einem Ofenbänkchen. »Ich werde hier noch ein Weilchen sitzen, und dann gehe ich wieder zu den Püppchen«, denkt er und lächelt in Gedanken an sie. Und dann ist es ihm, als höre er auf einmal seine Mutter singen, ganz leise, aber er hört es doch. »Mama, ich schlafe – ach, wie ist es hier schön zu schlafen.«

»Komm zu mir, zum Christbaum, es ist Weihnacht, Kind«, flüstert über ihm eine leise Stimme.

Er denkt, das wäre nun seine Mama, aber nein, das ist sie nicht. Wer rief ihn denn? Das sieht er nicht, aber jemand beugt sich über ihn und umfängt ihn in der Dunkelheit, und er streckt ihm die Hand entgegen – da plötzlich – oh, wieviel Licht! Welch ein Christbaum! Es leuchtet und strahlt alles um ihn, viele schöne Puppen überall – doch nein, das sind ja alles kleine Knaben und Mädchen. Sie schweben, sie küssen ihn, sie tragen ihn mit sich fort. Er fühlt, daß er schon schwebt – und dort, ja, dort ist seine Mama, die nickt und lächelt ihm selig zu.

»Mama! Mama! Ach, wie ist es hier schön, Mama!« ruft der Junge. Er umarmt die Kinder und will ihnen schnell alles von den Püppchen erzählen. »Wer seid ihr, Jungen, und wer seid ihr, Mädchen?« fragt er sie lachend und hat sie alle schon lieb.

»Es ist hier Weihnacht beim Christkind«, antworteten sie ihm, »das ist hier im Himmel immer ein Christfest für all die kleinen Kinder, die auf Erden keinen Christbaum haben.« Und er erfährt, daß alle die Jungen und Mädchen einst auf Erden ebensolche Kinder waren wie er.

Die Mütter dieser Kinder stehen auch dort. Sie weinen, und eine jede erkennt ihren Jungen oder ihr Mädchen, die nun zu ihnen schweben und sie küssen. Sie wischen ihnen die Tränen mit ihren Händen von den Wangen und bitten sie, nicht zu weinen, denn sie hätten es jetzt ja so gut ...

Fedor M. Dostojewski

Rembrandt Harmensz van Rijn: Anbetung der Hirten

Weihnachtsabend

»Weihnachten! Weihnachten! Ach, Unsinn! Ich feiere nicht!«

Das sagte der dicke Henri Templier mit wütender Stimme, als sei ihm eine Niederträchtigkeit vorgeschlagen worden.

Die andern lachten und riefen: »Warum regst du dich denn so auf?«

Er antwortete: »Weil der Weihnachtsabend mir den dreckigsten Streich der Welt gespielt hat und ich seither ein unüberwindliches Grauen vor dieser blöden Nacht mit ihrer schwachsinnigen Ausgelassenheit empfinde.«

»Was war denn los?«

»Was los war? Ihr wollt es wissen? Gut, dann hört zu:

Ihr wißt doch noch, wie kalt es vor zwei Jahren um diese Zeit gewesen ist; es war so kalt, daß die armen Leute auf der Straße umkamen. Die Seine gefror; auf den Gehsteigen wurden einem die Füße durch die Schuhsohlen hindurch eisig; die ganze Welt schien auf dem besten Weg zu sein, sich kaputt zu frieren.

Ich hatte damals eine große Arbeit unter der Feder und jede Einladung zum Weihnachtsfest abgelehnt; ich wollte lieber die Nacht an meinem Schreibtisch verbringen. Ich aß allein zu Abend; dann setzte ich mich an die Arbeit. Aber dann, so gegen zehn, mußte ich an die Ausgelassenheit denken, die ganz Paris durchtobte, an den Lärm auf den Straßen; die Vorbereitungen meiner Zimmernachbarn zum Weihnachtsessen, die ich durch die Trennwände hindurch mitanhören mußte, regten mich auf. Ich wußte nicht mehr, was ich trieb; ich schrieb lauter dummes Zeug, und ich merkte, daß ich auf die Hoffnung verzichten mußte, in dieser Nacht etwas Brauchbares zu Papier zu bringen.

Ich ging ein bißchen in meinem Zimmer hin und her. Ich setzte mich hin, ich stand wieder auf. Sicherlich unterlag ich dem geheimnisvollen Einfluß der draußen herrschenden Freude und schickte mich darein.

Ich schellte nach meiner Haushälterin und sagte zu ihr: ›Angèle, kaufen Sie für ein Nachtessen zu zweit ein: Austern, ein kaltes Rebhuhn, Krebse, Schinken, Gebäck. Holen Sie zwei Flaschen Champagner herauf, decken Sie und gehn Sie zu Bett.‹

Sie gehorchte einigermaßen überrascht. Als alles fertig war, zog ich meinen Mantel an und ging.

Eine gewichtige Frage galt es noch zu lösen: Mit wem sollte ich Weihnachten feiern? Meine Freundinnen waren samt und sonders eingeladen. Hätte ich eine von ihnen haben wollen, so hätte ich sie mir im voraus sichern müssen. Da fiel mir ein, ich könne gleichzeitig etwas Gutes tun. Ich sagte mir: ›Paris wimmelt von armen, schönen Mädchen, die kein Nachtessen auf der Tischplatte stehen haben und die auf der Suche nach einem freigiebigen Burschen durch die Straße irren. Ich will die Vorsehung, will den Weihnachtsmann für diese Enterbten spielen. Ich will umherstreunen, die Stätten der Lust durchschweifen, fragen, auf die Jagd gehen und nach meinem Gefallen die Wahl treffen.‹

Und so begann ich denn, in der Stadt umherzuschlendern.

Freilich traf ich viele arme, auf ein Abenteuer erpichte Mädchen; aber sie waren so häßlich, daß es einem auf den Magen schlug, oder so mager, daß sie beim Stehenbleiben angefroren wären.

Wie ihr wißt, habe ich eine Schwäche; ich mag am liebsten wohlgenährte Frauen. Je fleischiger sie sind, desto mehr behagen sie mir. Eine von kolossalen Formen läßt mich den Verstand verlieren.

Plötzlich, am Théâtre des Variétés, sehe ich von der Seite eine die mir zusagt. Ein Kopf, darunter vorn zwei Buckel, die Brüste, großartig, darunter ein erstaunlicher weiterer: ein Bauch wie bei einer Mastgans. Mich überlief ein Zittern, ich flüsterte: ›Verdammt noch mal, so ein schönes Mädchen!‹ Ein Punkt war noch zu erhellen: das Gesicht.

Das Gesicht ist der Nachtisch; das übrige – der Braten.

Ich ging schneller, ich überholte die aufs Geratewohl weitergehende Frau, und unter einer Gaslaterne drehte ich mich plötzlich um.

Sie war reizend, ganz jung, bräunlich, mit großen schwarzen Augen.

Ich machte einen Vorschlag, und sie nahm ihn ohne jedes Zögern an.

Eine Viertelstunde später saßen wir in meiner Wohnung bei Tisch.

Beim Hereimkommen hatte sie gesagt: ›Hier ist es aber mal nett!‹

Und sie hielt Umschau, sichtlich zufrieden, daß sie in dieser eiskalten Nacht Tisch und Bett gefunden hatte. Sie war prachtvoll, so hübsch, daß ich aus dem Staunen gar nicht herauskam, und so dick, daß mir das Herz höher schlug.

Sie legte den Mantel ab, den Hut; sie setzte sich und fing an zu essen; aber sie schien nicht ganz auf der Höhe zu sein, und manchmal zuckte ihr etwas blasses Gesicht, als litte sie an einem heimlichen Kummer.

Ich fragte: ›Hast du Ärger gehabt?‹

Sie antwortete: ›Bah! Wir wollen nicht daran denken!‹

Und sie fing an zu trinken. Sie trank ihr Glas Champagner in einem Zug aus, füllte es sich wieder und leerte es abermals, und so ging es weiter. Bald stieg ihr eine leichte Röte in die Backen, und sie begann zu lachen.

Ich war bereits wild versessen auf sie, küßte sie mitten auf den Mund, merkte, daß sie weder dumm noch vulgär noch plump war wie die meisten Strichmädchen. Ich fragte sie nach Einzelheiten aus ihrem Leben. Sie antwortete: ›Das geht dich nichts an, mein Junge!‹

Ach, und eine Stunde später …

Kurz und gut: Es kam der Augenblick des Zubettgehens, und während ich den vor dem Kamin stehenden Tisch hinaustrug, zog sie sich rasch aus und schlüpfte unter die Steppdecke.

Meine Nachbarn vollführten einen schauderhaften Lärm; sie lachten und grölten wie Irrsinnige, und ich sagte mir: ›Ich habe verdammt recht daran getan, mir dieses schöne Mädchen aufzugabeln; arbeiten hätte ich doch nicht können.‹

Ein tiefer Seufzer ließ mich herumfahren. Ich fragte: ›Was hast du denn, mein Kätzchen?‹ Sie antwortete nicht, aber sie fuhr fort, gequälte Seufzer auszustoßen, als habe sie große Schmerzen.

Ich fragte noch mal: ›Fühlst du dich etwa nicht wohl?‹ – Und plötzlich stieß sie einen Schrei aus, einen herzzerreißenden Schrei. Ich stürzte zu ihr hin, eine Kerze in der Hand.

Ihr Gesicht war schmerzentstellt, sie rang die Hände, keuchte, aus tiefster Brust entrang sich ihr ein dumpfes Ächzen, das wie Röchellaute klang und das mir den Herzschlag stocken ließ.

Völlig außer mir fragte ich: ›Aber was hast du denn, sag doch, was hast du?‹

Sie gab keine Antwort und fing an zu heulen.

Plötzlich verstummten die Nachbarn; sie lauschten wohl, was bei mir vorgehe.

Ich fragte noch einmal: ›Wo tut es denn weh, sag doch, wo hast du denn Schmerzen?‹

Sie stammelte: ›Mein Bauch, oh, mein Bauch!‹

Mit einem Ruck riß ich die Bettdecke weg, und ich sah ...

Sie kam nieder, Freunde.

Da verlor ich den Kopf; ich stürzte an die Wand und hämmerte aus aller Kraft mit den Fäusten daran, ich brüllte: ›Hilfe! Hilfe!‹

Meine Tür wurde aufgerissen, ein Haufen Menschen stürzte herein, Herren im Frack, dekolletierte Damen, Pierrots, Türken, Musketiere in Pluderhosen. Diese Invasion brachte mich so durcheinander, daß ich mich nicht mehr klar ausdrücken konnte.

Sie hatten irgendeinen Unfall vermutet, vielleicht gar ein Verbrechen, und begriffen nicht das mindeste. Schließlich brachte ich hervor: ›Da ... da ... die Frau ... sie bekommt ein Kind.‹

Da sahen sie alle nach und sagten ihre Meinung. Ein Kapuziner tat sich besonders hervor und behauptete, er kenne sich in so was aus, er wolle der Natur helfen.

Sie waren samt und sonders voll wie Strandhaubitzen. Ich glaubte, sie würden sie umbringen, und hastete ohne Hut die Treppe hinab; ich wollte einen alten, in der Nähe wohnenden Arzt holen.

Als ich mit ihm wiederkam, war mein ganzes Haus auf den Beinen; im Treppenhaus war die Gasbeleuchtung angesteckt worden; die Bewohner sämtlicher Stockwerke hatten sich in meine Wohnung gedrängt; vier als Holzknechte Verkleidete saßen am Tisch und machten Schluß mit meinem Champagner und meinen Krebsen.

Bei meinem Anblick brach ein fürchterliches Geschrei los, und eine Milchhändlerin präsentierte mir in einem Handtuch ein gräßliches, runzliges, faltiges, quarrendes, wie ein Kätzchen mauzendes kleines Stück Fleisch und sagte: ›Ein Mädchen.‹

Der Arzt untersuchte die Kindsmutter, erklärte ihren Zustand für nicht unbedenklich, da die Geburt unmittelbar nach einem üppigen Essen stattgefunden habe, und ging mit den Worten, er werde mir auf der Stelle eine Krankenpflegerin und eine Amme schicken.

Die beiden Frauen kamen eine Stunde später und brachten ein Riesenpaket mit Medikamenten mit.

Ich verbrachte die Nacht in einem Lehnsessel; ich war viel zu sehr durcheinander, um über die Folgen nachdenken zu können.

Am Morgen kam der Arzt wieder. Der Kranken gehe es ziemlich schlecht.

Er sagte zu mir: ›Ihre Frau, Monsieur …‹

Ich fuhr ihm ins Wort: ›Sie ist nicht meine Frau!‹

Er redete weiter: ›Dann also Ihre Geliebte, das geht mich nichts an.‹ Und dann zählte er auf, was mit ihr zu geschehen habe, die Diät, die Heilmittel.

Was sollte ich tun? Das arme Wesen ins Krankenhaus schicken? Dann hätte das ganze Haus mich für einen Rohling gehalten, sogar das ganze Stadtviertel.

Ich habe sie bei mir behalten. Sechs Wochen lang hat sie in meinem Bett gelegen.

Das Kind? Das habe ich bei Bauern in Poissy in Pflege gegeben. Es kostet mich heute noch monatlich fünfzig Francs. Da ich den Anfang bezahlt habe, muß ich wohl oder übel bis an mein Lebensende weiterzahlen.

Und später hält das Gör mich dann für seinen Vater.

Aber um das Maß vollzumachen: Als das Mädchen wieder gesund war, da hat sie angefangen, mich zu lieben, mich über alle Begriffe zu lieben, die Nutte.«

»Na, und?«

»Ja, und dabei war sie mager wie eine Rinnsteinkatze, und ich habe dies Knochengerippe hinausgeworfen, und nun lauert sie mir auf der Straße auf; sie versteckt sich, bloß um mich vorbeigehen zu sehen; abends, wenn ich ausgehen will, hält sie mich fest und küßt mir die Hand, kurz und gut: Sie belästigt mich zum Verrücktwerden.

Und das ist der Grund, daß ich nie wieder Weihnachten feiere.«

Guy de Maupassant

Wanjka

Der neunjährige Wanjka Schukow, der seit drei Monaten beim Schuster Aljachin in der Lehre war, ging in der Weihnachtsnacht nicht schlafen, sondern wartete, bis der Meister und die Gesellen zur Messe gegangen waren, holte dann Tinte und Feder aus dem Schrank des Meisters und breitete ein zerknittertes Stück Papier vor sich aus, um zu schreiben. Ehe er den ersten Buchstaben hinmalte, blickte er ein paarmal scheu auf Tür und Fenster, schielte auch zum dunklen Heiligenbild, das zwischen den Gestellen mit den Leisten hing, und seufzte mehrmals. Das Papier lag auf der Bank, er selbst kniete davor auf dem Boden.

»Liebes Großväterchen Konstantin Makarytsch!« schrieb er. »Ich schreibe Dir einen Brief. Ich wünsche Dir ein schönes Weihnachtsfest und alles Gute vom lieben Gott. Ich habe ja keinen Vater und kein Mütterchen mehr, nur Du bist mir geblieben.«

Wanjkas Augen hingen an dem dunklen Fenster, wo das Spiegelbild seiner Kerze flackerte, und er stellte sich seinen Großvater Konstantin Makarytsch, der beim Gutsbesitzer Schiwarjow als Nachtwächter diente, leibhaftig vor. Er war ein kleiner, magerer, aber ungewöhnlich flinker und beweglicher Mann von ungefähr fünfundsechzig Jahren mit lachendem Gesicht und trunkenen Augen. Tags schläft er in der Gesindeküche oder schäkert mit den Köchinnen; nachts aber schreitet er, in einen weiten Schafspelz gehüllt, die Besitzung ringsum ab und klopft auf sein Holzbrett. Hinter ihm trotten mit gesenktem Kopf die alte Kaschtanka und der kleine Wjun (Teufelchen), so genannt, weil er ganz schwarz und so lang und schmal wie ein Wiesel ist. Dieser Wjun tut immer ungemein unterwürfig und zärtlich, er schaut sowohl die eigenen Leute als auch fremde gleich freundlich an; trotzdem ist er nicht beliebt. Hinter seiner Zutraulichkeit und Demut verbirgt sich nämlich die tückischste Hinterlist. Niemand versteht es besser als er, sich rechtzeitig anzuschleichen und nach einer Wade zu schnappen, in den Eiskeller einzudringen oder den Bauern ein Huhn zu stehlen. Man hat ihm schon oft mit nachgeworfenen Knüppeln die Hinterbeine fast gebrochen, zweimal hat man ihn gehängt, jede Woche wird er beinahe totgeprügelt, doch immer kommt er mit dem Leben davon.

Gewiß steht der Großvater jetzt beim Hoftor, blinzelt zu den erleuchteten Fenstern der Dorfkirche hinüber, tritt in seinen Filzstiefeln von einem Bein aufs andere und scherzt mit dem Gesinde. Sein Klopfbrett hängt am Gürtel. Er reibt sich die Hände, schüttelt sich vor Kälte und zwickt mit greisenhaftem Gekicher bald eine Zofe, bald die Köchin.

»Eine kleine Prise?« sagt er und bietet den Weibern seine Schnupftabaksdose an. Und die Weiber schnupfen und niesen. Das freut den Großvater über alle Maßen, er bricht in belustigtes Lachen aus und ruft: »Feste! Ist es eingefroren?«

Auch die Hunde müssen schnupfen. Kaschtanka niest, rümpft die Nase und verzieht sich beleidigt. Wjun hingegen niest aus Ehrfurcht nicht, sondern wedelt mit dem Schwanz. Das Wetter ist herrlich, die Luft still, klar und erfrischend. Die Nacht ist dunkel, doch man sieht das ganze Dorf mit seinen weißen Dächern und den Rauchwölkchen, die aus den Schornsteinen aufsteigen, die silberbereiften Bäume und die Schneewehen. Der Himmel ist übersät mit fröhlich blinkenden Sternlein, und die Milchstraße zeichnet sich so deutlich ab, als wäre sie vor den Feiertagen mit Schnee gewaschen und blankgerieben worden ...

Wanja seufzte, tauchte die Feder ein und schrieb weiter.

»Gestern bekam ich Prügel. Der Meister zog mich an den Haaren auf den Hof und verbleute mich mit dem Knieriemen, weil ich eingeschlafen war, als ich denen ihr Kindchen in der Wiege schaukeln sollte. Und vorige Woche trug mir die Meisterin auf, einen Hering zu putzen, aber ich fing beim Schwanz an, und da nahm sie den Hering und stieß mir den Kopf an die Nase. Und was die Gesellen sind, die verspotten mich, ich muß für sie in der Schenke Schnaps holen und bei den Meistersleuten Gurken stehlen, aber der Meister prügelt mich dann mit allem, was ihm gerade in die Hände fällt. Und das Essen ist ganz schlecht. Morgens gibt es Brot, mittags Grütze und abends wieder Brot, was aber Tee und Kohlsuppe ist, das fressen sie selbst. Und schlafen muß ich im Flur, wenn aber denen ihr Kindchen schreit, schlafe ich überhaupt nicht, dann muß ich die Wiege schaukeln. Liebes Großväterchen, tu mir um Himmels willen die Liebe und nimm mich von hier fort, ins Dorf nach Hause, ich kann es hier nicht aushalten ... Ich bitte Dich auf den Knien, ich werde ewig für Dich beten, nimm mich von hier fort, sonst muß ich sterben ...«

Wanjka verzog den Mund, rieb sich mit der schmutzigen Faust die Augen und schluchzte auf.

»Ich will Dir den Tabak kleinhacken«, fuhr er fort, »und zum lieben Gott für Dich beten, und wenn ich etwas nicht recht mache, dann prügle mich nur tüchtig. Glaub nicht, daß ich nichts zu arbeiten hätte. Ich werde den Verwalter bitten, ihm die Stiefel putzen zu dürfen, oder ich kann an Fedjkas Stelle die Schafe hüten. Liebes Großväterchen, ich halte es nicht aus, es ist wirklich zum Sterben. Ich wäre gern zu Fuß ins Dorf zurückgelaufen, aber ich habe keine Stiefel, und ich fürchte mich vor dem Frost. Und wenn ich groß bin, werde ich Dir dafür zu essen geben und nicht zulassen, daß Dir einer etwas zuleide tut, und wenn Du stirbst, werde ich für Dich beten wie für Mütterchen Pelageja. Und Moskau ist eine große Stadt. Lauter hohe Herrschaftshäuser und viele Pferde gibt es hier, aber keine Schafe, und die Hunde beißen nicht. Hier ziehen die Kinder nicht mit dem Stern herum, und man wird auch nicht auf den Kirchenchor zum Singen gelassen; aber einmal sah ich im Schaufenster, daß die Angelhaken fixfertig mit der Leine gehandelt werden, für alle Fische, sehr schön, und ein Haken war dabei, mit dem könnte man einen Wels von einem halben Zentner festhalten. Und in einem Laden sah ich alle möglichen Gewehre, wie der gnädige Herr sie hat, so daß jedes hundert Rubel kosten mag. Und in den Fleischerläden hängen Auerhähne und Rebhühner und Hasen, aber wo sie geschossen werden, das sagen die Leute im Laden nicht.

Liebes Großväterchen, wenn bei der Herrschaft Weihnachtsbescherung ist, nimm für mich eine vergoldete Nuß vom Christbaum mit und leg sie in Dein grünes Kästchen. Bitte Fräulein Olga Ignatjewna darum, sag ihr, es ist für Wanjka.«

Wanjka seufzte krampfhaft und blickte wieder aufs Fenster. Er dachte daran, wie der Großvater jedes Jahr die Tanne für die Herrschaft im Wald holte – stets hatte er mitgehen dürfen. Das war immer ein schöner Tag! Der Großvater ächzte, und der Frost ächzte, und wenn Wanjka das hörte, mußte er auch ächzen. Ehe der Großvater die Tanne fällt, bleibt er lange Zeit stehen, raucht sein Pfeifchen, schnupft bedächtig und neckt den frierenden Wanjuscha ... Die reifbedeckten Tannen warten regungslos, welche von ihnen ihr Leben lassen muß. Plötzlich rennt irgendwoher ein Hase pfeilschnell über die Schneewehen. Da kann der Großvater nicht an sich halten und ruft: »Fang ihn, fang ihn! Ach, der kurzschwänzige Halunke!«

Die gefällte Tanne trug der Großvater ins Herrenhaus, und dort wurde sie geschmückt ... Am meisten kümmerte sich Fräulein Olga Ignatjewna darum, Wanjkas Gönnerin. Als Pelageja, Wanjkas Mutter, noch lebte und bei der Herrschaft Stubenmädchen war, konnte Olga Ignatjewna dem kleinen Wanjka oft Süßigkeiten geben, und aus lauter Langeweile lehrte sie ihn schreiben, lesen, bis hundert zählen und sogar Quadrille tanzen. Aber nach Pelagejas Tod wurde das Waisenkind Wanjka zum Großvater in die Gesindestube gesteckt und kam dann aus der Küche nach Moskau zum Schuster Aljachin ...

»Komm zu mir, liebes Großväterchen«, schrieb Wanjka weiter. »Ich flehe Dich an, nimm mich um Christi willen von hier fort. Hab Mitleid mit dem armen Waisenkind, denn hier prügeln mich alle, und ich leide auch Hunger, und alles ist so traurig, daß ich immerzu weinen muß. Und neulich schlug mich der Meister mit dem Leisten auf den Kopf, daß ich hinfiel und kaum wieder aufstehen konnte. Mein Leben ist unglücklich, schlimmer als das irgendeines Hundes. Und dann lasse ich Aljona grüßen und den einäugigen Jegorka und den Kutscher, und was meine Mundharmonika ist, die darfst Du keinem geben. Ich verbleibe Dein Enkel Iwan Schukow, liebes Großväterchen, komm mich holen.«

Wanjka faltete das beschriebene Papier viermal zusammen und steckte es in den Umschlag, den er gestern für eine Kopeke gekauft hatte ... Nach längerem Nachdenken tauchte er die Feder ein und schrieb die Adresse:

Ans Großväterchen im Dorf.

Er kratzte sich den Kopf, überlegte und setzte hinzu: »Konstantin Makarytsch«. Zufrieden, daß niemand ihn am Schreiben gehindert hatte, stülpte er die Mütze auf und lief, ohne erst sein Pelzmäntelchen anzuziehen, in Hemdsärmeln auf die Straße.

Er hatte die Leute im Fleischerladen tags zuvor gefragt und erfahren, Briefe müßten in Postkästen geworfen werden, von dort würden sie von betrunkenen Kutschern im Dreispänner mit hellklingelnden Glöckchen über die ganze Erde befördert. Wanjka lief zum nächsten Postkasten und steckte den kostbaren Brief in den Schlitz ...

Von süßen Hoffnungen eingelullt, schlief er eine Stunde später frohgemut ein. Er träumt von einem großen Ofen. Auf dem Ofen sitzt der Großvater, mit den bloßen Füßen baumelnd, und liest den Köchinnen den Brief vor …

Wjun schleicht um den Ofen herum und wedelt mit dem Schwanz …

Anton Tschechow

Das Sternenkind

Es waren einmal zwei arme Holzfäller, die gingen ihres Weges heim durch einen großen Tannenwald. Es war Winter und eine bitterkalte Nacht. Dick lag der Schnee am Boden und auf den Ästen der Bäume. Wo sie gingen, knickte der Frost links und rechts die kleinen Zweige, und als sie zur Bergquelle kamen, siehe! da hing sie reglos in der Luft, denn der Eiskönig hatte sie geküßt.

So kalt war es, daß selbst die Tiere und Vögel nicht wußten, was sie davon halten sollten.

»Hu!« knurrte der Wolf, als er mit eingezogenem Schwanz durch das Dickicht humpelte. »Das ist ja ein geradezu widernatürliches Wetter. Warum kümmert sich die Regierung nicht darum?« »Twiet, twiet, twiet!« zwitscherten die grünen Hänflinge. »Die alte Erde ist tot, und man hat sie in ihrem weißen Leilach aufgebahrt.«

»Die Erde will Hochzeit halten, und dies ist ihr Brautkleid«, raunten die Turteltauben einander zu. Ihre kleinen blaßroten Füße waren ganz erfroren, aber sie hielten es für ihre Pflicht, die Umstände in einem romantischen Licht zu betrachten.

»Unsinn!« heulte der Wolf. »Ich sage euch, an all dem ist nur die Regierung schuld, und wenn ihr mir nicht glaubt, fresse ich euch.« Der Wolf hatte einen von Grund auf praktischen Sinn und war nie um ein gutes Argument verlegen.

»Nun, ich für mein Teil«, sagte der Specht, der ein geborener Philosoph war, »ich mache mir nichts aus analysierenden Betrachtungen. Wenn etwas soundso ist, dann ist es so, und gegenwärtig ist es gräßlich kalt.«

Gräßlich kalt war es zweifellos. Die kleinen Eichhörnchen, die im Innern der großen Föhre wohnten, rieben ständig ihre Nasen aneinander, um sich warm zu halten, und die Kaninchen kringelten sich in ihren Löchern zusammen und wagten nicht einmal, zum Einstieg hinauszuschauen. Die einzigen, die sich über die Kälte zu freuen schienen, waren die großen Uhus. Ihr Gefieder war ganz steif vom Rauhreif, aber das machte ihnen nichts aus, und sie rollten ihre großen gelben Augen und riefen einander durch den Wald zu: »Tu-witt! Tu-hu! Tu-witt! Tu-hu! Welch herrliches Wetter haben wir!«

Weiter und weiter gingen die beiden Holzfäller, wobei sie kräftig auf ihre Finger hauchten und mit ihren mächtigen, eisenbeschlagenen Stiefeln auf den zusammengebackenen Schnee stampften. Einmal versanken sie in einer tiefen Schneewehe und kamen so weiß heraus wie Müller, wenn die Steine mahlen, und einmal rutschten sie auf dem harten, glatten Eis des gefrorenen Sumpfwassers aus, und das Reisig fiel aus ihren Bündeln, und sie mußten es auflesen und wieder zusammenbinden, und einmal glaubten sie schon, sie hätten den Weg verloren, und eine Riesenangst packte sie, da sie wußten, daß der Schnee grausam ist gegen solche, die in seinen Armen einschlafen. Doch sie vertrauten auf den guten heiligen Martin, der über alle Wanderer wacht, und gingen in ihrer Spur zurück und bewegten sich umsichtig, und am Ende erreichten sie den Saum des Waldes und erblickten weit drunten im Tal zu ihren Füßen die Lichter des Dorfes, in dem sie wohnten. So überglücklich waren sie über ihre Errettung, daß sie lauthals lachten, und die Erde erschien ihnen wie eine Blume aus Silber und der Mond wie eine Blume aus Gold.

Doch nachdem sie gelacht hatten, wurden sie traurig, da sie ihrer Armut gedachten, und der eine von ihnen sagte zu dem anderen:

»Warum war uns so vergnügt zumute, da doch das Leben für die Reichen da ist und nicht für solche wie wir? Besser, wir wären im Wald vor Kälte gestorben oder ein wildes Tier hätte uns angefallen und umgebracht.«

»Wahrhaftig«, antwortete sein Gefährte, »manchen ist viel gegeben und anderen wenig. Die Ungerechtigkeit hat die Welt aufgeteilt, und nichts als die Sorge ist uns in gleichem Maße beschieden.«

Doch während sie einander ihr Elend klagten, geschah etwas Seltsames. Vom Himmel fiel ein sehr heller und schöner Stern. Er glitt seitlich vom Himmel herab, vorbei an den anderen Sternen, und als sie ihn staunend beobachteten, schien es ihnen, als sinke er hinter einer Weidengruppe nieder, die, keinen Steinwurf entfernt, an einer kleinen Schafhürde stand.

»Ei! Da liegt ein Topf voll Gold für den, der ihn findet«, riefen sie, und sie machten sich auf und rannten, so begierig waren sie nach dem Gold.

Und der eine lief schneller als sein Gefährte und war ihm voraus und bahnte sich seinen Weg durch die Weiden und kam auf der anderen Seite heraus, und siehe, da lag wirklich etwas Goldenes im Schnee. Er eilte hin, bückte sich und legte die Hände darauf, und es war ein Mantel aus Goldgewebe, kunstvoll mit Sternen durchwirkt und in viele Falten gelegt. Und er rief seinem Gefährten zu, er habe den Schatz gefunden, der vom Himmel gefallen, und als sein Gefährte herbeigekommen war, setzten sie sich in den Schnee und lockerten die Falten des Mantels, um die Goldstücke zu teilen. Aber ach, kein Gold war darin, kein Silber noch überhaupt irgendein Schatz, sondern nur ein kleines, schlafendes Kind.

Und der eine von ihnen sagte zu dem anderen: »Das ist ein bitteres Ende unserer Hoffnung, uns ist kein Glück zuteil geworden, denn was nützt einem Menschen ein Kind? Wir wollen es hierlassen und unseres Weges gehen, denn wir sind arm und haben eigene Kinder, deren Brot wir nicht einem anderen geben können.«

Doch sein Gefährte antwortete ihm: »Nein, es wäre übel getan, ließen wir das Kind hier, daß es im Schnee umkommt, und obgleich ich so arm bin wie du und viele Münder zu stopfen und nur wenig im Topf habe, will ich es doch mit nach Hause nehmen, und mein Weib soll für das Kind sorgen.«

Ganz behutsam hob er also das Kind auf und hüllte es in den Mantel, um es vor der grimmigen Kälte zu schützen, und ging seines Weges den Hügel hinab zum Dorf, während sich sein Gefährte höchlich verwunderte über seine Torheit und Weichherzigkeit.

Und als sie zum Dorf kamen, sagte sein Gefährte zu ihm: »Du hast das Kind, also gib mir den Mantel, denn es ist recht und billig, daß wir teilen.«

Doch er antwortete ihm: »Nein, denn der Mantel ist weder mein noch dein, sondern gehört einzig und allein dem Kinde«, und er wünschte ihm einen guten Weg und ging zu seinem eigenen Hause und klopfte an.

Und als seine Frau die Tür öffnete und sah, daß ihr Mann unversehrt zu ihr zurückgekommen war, legte sie die Arme um seinen Hals und küßte ihn und nahm das Reisigbündel vom Rücken und bürstete den Schnee von seinen Stiefeln und hieß ihn eintreten.

Er aber sagte zu ihr: »Ich habe im Wald etwas gefunden und habe es dir mitgebracht, damit du es hütest«, und er rührte sich nicht von der Schwelle.

»Was ist es?« rief sie. »zeig es mir, denn das Haus ist leer, und wir brauchen vieles.« Und er schlug den Mantel zurück und zeigte ihr das schlafende Kind.

»Meinje, lieber Mann!« klagte sie. »Haben wir nicht eigene Kinder, daß du unbedingt noch einen Wechselbalg an unsern Herd bringen mußt? Und wer weiß, ob er uns nicht Unglück bringt? Und wie sollen wir ihn warten?« Und sie war zornig auf ihn.

»Nein, es ist ein Sternenkind«, antwortete er, und er erzählte ihr, auf wie seltsame Weise er es gefunden hatte.

Doch sie wollte sich nicht besänftigen lassen, sondern verlachte ihn und zürnte und sprach: »Unsere Kinder darben, und da sollen wir das Kind eines anderen füttern? Wer sorgt denn für uns? Und wer gibt uns Nahrung?«

»Nicht so, Gott sorgt selbst für die Sperlinge und speist sie«, antwortete er.

»Sterben nicht im Winter die Sperlinge vor Hunger?« fragte sie. »Und ist es jetzt nicht Winter?« Der Mann gab keine Antwort, rührte sich aber nicht von der Schwelle.

Und ein scharfer Wind vom Walde her fuhr durch die offene Tür und ließ sie zittern, und es schauderte sie, und sie sagte zu ihm: »Willst du nicht die Tür schließen? Ein scharfer Wind fährt ins Haus, und ich friere.«

»Fährt nicht immer ein scharfer Wind in ein Haus, in dem ein hartes Herz wohnt?« fragte er. Und die Frau antwortete nicht, sondern kroch näher ans Feuer.

Und nach einer Weile drehte sie sich um und sah ihn an, und ihre Augen waren voll Tränen. Und er kam geschwind herein und legte ihr das Kind in die Arme, und sie küßte es und legte es in ein Bettchen, in dem das jüngste ihrer eigenen Kinder schlief. Und am Morgen nahm der Holzfäller den wunderlichen goldenen Mantel und legte ihn in eine große Truhe, und seine Frau nahm eine Bernsteinkette, die das Kind um den Hals trug, und legte sie ebenfalls in die Truhe.

So wurde das Sternenkind mit den Kindern des Holzfällers aufgezogen und saß mit ihnen am selben Tisch und war ihr Spielgefährte. Und Jahr für Jahr ward es schöner anzusehen, so daß alle, die im Dorf wohnten, sich verwunderten, denn sie waren dunkel und schwarzhaarig, der Knabe aber war weiß und fein wie aus Elfenbein geschnitten, und seine Locken glichen den Blütenkränzen der Osterglocke. Auch seine Lippen waren wie Blütenblätter einer roten Blume, und seine Augen waren wie Veilchen an einem Strom klaren Wassers, und sein Leib glich der

Diego Velázquez: Anbetung der Könige

Narzisse auf einem Felde, wohin der Schnitter nicht kommt.

Doch seine Schönheit verdarb ihn. Denn er wurde hoffärtig und grausam und eigensüchtig. Die Kinder des Holzfällers und die anderen Kinder im Dorf verachtete er und sagte von ihnen, sie seien niederer Herkunft, während er hochgeboren sei, da er von einem Stern abstammte, und er machte sich zum Herrn über sie und nannte sie seine Diener. Kein Mitleid hatte er mit den Armen oder mit solchen, die blind oder verkrüppelt oder auf andere Weise leidend waren, sondern warf Steine nach ihnen und jagte sie hinaus auf die Straße und hieß sie ihr Brot anderswo erbetteln, so daß niemand außer den Geächteten zweimal in das Dorf kam, Almosen zu erbitten. Wahrlich, er war wie einer, der in die Schönheit verliebt ist, und pflegte über die Schwachen und Mißgestalten zu spotten, und im Sommer, wenn die Winde sanft waren, lag er an dem Quell im Obstgarten des Priesters und blickte nieder auf das Wunder seines Antlitzes und lachte vor Freude, die ihm seine Schönheit bereitete.

Oft schalten ihn der Holzfäller und sein Weib und sagten: »Wir handelten an dir nicht so, wie du an denen handelst, die trostlos sind und niemanden haben, der ihnen beisteht. Warum bist du so grausam gegen alle, die Mitleid brauchen?«

Oft schickte der alte Priester nach ihm und versuchte, ihn die Liebe zu allen lebenden Geschöpfen zu lehren, und sprach zu ihm: »Die Fliege ist dein Bruder. Tu ihr nichts zuleide. Die wilden Vögel, die durch den Wald schwärmen, haben ihre Freiheit. Fange sie nicht zu deinem Vergnügen mit der Schlinge. Gott hat die Blindschleiche und den Maulwurf erschaffen, und ein jedes hat seinen Platz. Wer bist du, daß du Leid in Gottes Welt bringst? Selbst das Vieh auf dem Felde preiset Ihn.«

Doch das Sternenkind achtete ihrer Worte nicht, sondern blickte finster und höhnte und ging zurück zu seinen Gefährten und führte sie an. Und seine Gefährten folgten ihm, denn er war schön und leichtfüßig und konnte tanzen und pfeifen und musizieren. Und wohin auch das Sternenkind sie führte, dahin folgten sie ihm, und was er sie auch tun hieß, das taten sie. Und wenn er mit einem scharfen Rohr dem Maulwurf die trüben Augen durchbohrte, dann lachten sie, und wenn er nach dem Aussätzigen mit Steinen warf, lachten sie gleichfalls. Und in allen Dingen beherrschte er sie, und sie wurden so hartherzig wie er.

Nun kam eines Tages ein armes Bettelweib durch das Dorf. Ihre Kleider waren zerrissen und zerlumpt, und ihre Füße bluteten von dem holprigen Weg, den sie gewandert war, und sie befand sich in einem sehr schlimmen Zustand. Und da sie müde war, setzte sie sich unter eine Kastanie, um auszuruhen.

Doch als das Sternenkind sie sah, sagte es zu seinen Gefährten: »Sehr nur! Da sitzt ein schmutziges Bettelweib unter dem schönen, grünbelaubten Baum. Kommt, wir wollen sie von dort verjagen; denn sie ist häßlich und widerwärtig.«

Also ging er näher und warf mit Steinen nach ihr und verhöhnte sie, und sie sah ihn mit entsetzten Augen an und wandte nicht den Blick von ihm. Und als der Holzfäller, der ganz in der Nähe auf einem Hof Holz hackte, sah, was das Sternenkind tat, lief er hin und schalt ihn und sprach: »Wahrlich, du bist hartherzig und kennst kein Erbarmen, denn was hat dir diese arme Frau Böses getan, daß du sie auf solche Weise behandelst?«

Und das Sternenkind wurde rot vor Zorn und stampfte mit dem Fuß auf und sagte: »Wer bist du, daß ich dir Rechenschaft geben sollte über mein Tun? Ich bin nicht dein Sohn, daß ich dir gehorchen müßte.«

»Da sprichst du wahr«, antwortete der Holzfäller, »dennoch habe ich mich deiner erbarmt, als ich dich im Walde fand.«

Und als die Frau diese Worte hörte, stieß sie einen lauten Schrei aus und fiel in Ohnmacht. Und der Holzfäller trug sie in sein Haus, und sein Weib kümmerte sich um sie, und als sie aus ihrer Ohnmacht erwachte, setzten sie ihr zu essen und zu trinken vor und luden sie ein, sich's bequem zu machen.

Aber sie wollte weder essen noch trinken, sondern fragte den Holzfäller: »Sagtest du nicht, der Knabe wurde im Wald gefunden? Und war das nicht heute vor zehn Jahren?«

Und der Holzfäller antwortete: »Ja, im Walde habe ich ihn gefunden, und das war heute vor zehn Jahren.«

»Und welche Kennzeichen fandest du an ihm?« rief sie. »Trug er nicht eine Bernsteinkette um den Hals? War er nicht gehüllt in einen Mantel aus Goldgewebe, mit Sternen bestickt?«

»Wahrhaftig«, erwiderte der Holzfäller, »es war so, wie du sagst.« Und er holte den Mantel und die Bernsteinkette aus der Truhe, darin sie lagen, und zeigte sie ihr.

Und als sie die beiden Dinge erblickte, weinte sie vor Freude und sagte: »Er ist mein kleiner Sohn, den ich im Wald verlor. Ich bitte dich, rufe ihn schnell, denn auf der Suche nach ihm habe ich die ganze Welt durchwandert.«

Also gingen der Holzfäller und sein Weib hinaus und riefen das Sternenkind und sprachen zu ihm: »Geh ins Haus, dort wirst du deine Mutter finden, die dich erwartet.«

So lief er hinein, von Staunen und großer Freude erfüllt. Doch als er jene erblickte, die dort wartete, lachte er höhnisch und sagte: »Nun, wo ist meine Mutter? Denn ich sehe hier niemanden als dies garstige Bettelweib.«

Und die Frau antwortete ihm: »Ich bin deine Mutter.«

»Du bist toll, so zu reden«, rief das Sternenkind zornig. »Ich bin nicht dein Sohn, denn du bist eine Bettlerin und häßlich und in Lumpen. Deshalb scher dich fort von hier und laß mich nie wieder dein abscheuliches Gesicht sehen.«

»Nicht so, du bist wirklich mein kleiner Sohn, den ich im Walde gebar«, rief sie, und sie fiel auf die Knie und streckte die Arme nach ihm aus. »Die Räuber stahlen dich von meiner Seite und überließen dich dem Tod«, sagte sie leise, »aber ich erkannte dich, sobald ich dich erblickte, und die Kennzeichen habe ich ebenfalls erkannt, den Mantel aus Goldgewebe und die Bernsteinkette. Deshalb bitte ich dich, komm mit mir, denn die ganze Welt habe ich auf der Suche nach dir durchwandert. Komm mit mir, mein Sohn, denn ich brauche deine Liebe.«

Doch das Sternenkind rührte sich nicht von der Stelle, sondern verschloß die Türen seines Herzens gegen sie, und es war kein Laut zu hören als das schmerzliche Weinen der Frau.

Und endlich sprach er zu ihr, und seine Stimme war hart und unfreundlich. »Wenn du in Wahrheit meine Mutter bist«, sagte er, »so wärest du besser fortgeblieben und nicht hierhergekommen, mich in Schande zu bringen, da ich glaubte, ich sei das Kind eines Sternes und nicht einer Bettlerin Kind, wie du mir erzählst. Deshalb scher dich fort von hier und laß mich dich nie wieder sehen.«

»Ach, mein Sohn«, rief sie, »willst du mich nicht küssen, ehe ich gehe? Denn ich habe viel erlitten, dich zu finden.«

»Nein«, sagte das Sternenkind, »du bist zu widerwärtig anzusehen, und lieber als dich wollte ich die Natter oder die Kröte küssen.«

Da stand die Frau auf und ging bitterlich weinend fort in den Wald, und als das Sternenkind sah, daß sie gegangen war, freute sich der Knabe und lief zurück zu seinen Spielgefährten, um mit ihnen zu spielen. Doch als sie ihn kommen sahen, verlachten sie ihn und sagten: »Ei, du bist garstig wie die Kröte und ekelhaft wie die Natter. Scher dich fort, denn wir wollen dich nicht mit uns spielen lassen«, und sie jagten ihn aus dem Garten.

Und das Sternenkind blickte finster und sprach zu sich: ›Was soll das bedeuten, was sie zu mir sagen? Ich will zum Wasserquell gehen und hineinschauen, und er wird mir von meiner Schönheit sprechen.‹

So ging er zum Wasserquell und schaute hinein, und siehe, sein Gesicht glich dem Gesicht einer Kröte, und sein Körper war schuppig wie der einer Natter. Und er warf sich nieder in das Gras und weinte und sprach zu sich: ›Wahrlich, das ist über mich gekommen wegen meiner Sünde. Denn ich habe meine Mutter verleugnet und sie davongejagt und bin hochmütig und grausam gegen sie gewesen. Deshalb will ich gehen und in der ganzen Welt nach ihr suchen, und ich will nicht rasten, ehe ich sie gefunden habe.‹

Und die kleine Tochter des Holzfällers kam zu ihm und legte ihm die Hand auf die Schulter und sagte: »Was macht es schon, wenn du deine Wohlgestalt verloren hast? Bleib bei uns, und ich will nicht über dich spotten.«

Und er antwortete ihr: »Nein, ich bin grausam gegen meine Mutter gewesen, und zur Strafe dafür wurde mir dies Unheil zuteil. Deshalb muß ich von hier fortgehen und durch die Welt wandern, bis ich sie finde und ihre Vergebung erlange.«

So lief er fort in den Wald und rief nach seiner Mutter, daß sie zu ihm komme, erhielt aber keine Antwort. Den ganzen Tag rief er nach ihr, und als die Sonne unterging, legte er sich auf einem Lager von Blättern zum Schlaf nieder, und die Vögel und anderen Tiere flohen vor ihm, denn sie gedachten seiner Grausamkeit, und er blieb allein, bis auf die Kröte, die ihn belauerte, und die träge Natter, die vorbeiglitt.

Und am Morgen stand er auf und pflückte ein paar herbe Beeren von den Bäumen und aß sie und nahm heftig weinend seinen Weg durch den großen Wald. Und bei jedem, den er traf, erkundigte er sich, ob er vielleicht seine Mutter gesehen habe.

Zu dem Maulwurf sprach er: »Du kannst unter die Erde gehen. Sag mir, ist meine Mutter dort?«

Und der Maulwurf antwortete: »Du hast mir die Augen geblendet. Wie sollte ich es wissen?«

Zu dem Hänfling sprach er: »Du kannst über die Wipfel der hohen Bäume fliegen und kannst die ganze Welt sehen. Sag mir, kannst du meine Mutter sehen?«

Und der Hänfling antwortete: »Du hast mir zu deinem Spaß die Flügel beschnitten. Wie sollte ich fliegen?«

Und zu dem kleinen Eichhörnchen, das in der Föhre wohnte und einsam war, sprach er: »Wo ist meine Mutter?«

Und das Eichhörnchen antwortete: »Die meine hast du umgebracht. Willst du jetzt auch die deine umbringen?«

Und das Sternenkind weinte und beugte den Kopf und bat Gottes Geschöpfe um Vergebung und ging weiter durch den Wald auf der Suche nach dem Bettelweib. Am dritten Tag kam er zum anderen Ende des Waldes und ging hinab in die Ebene.

Und wenn er durch die Dörfer kam, verhöhnten ihn die Kinder und warfen Steine nach ihm, und die Bauern wollten ihn nicht einmal im Kuhstall schlafen lassen, damit er nicht den Brand über das gespeicherte Korn bringe, so garstig war er anzusehen, und ihre Tagelöhner jagten ihn fort, und da war niemand, der Mitleid mit ihm hatte. Auch konnte er nirgendwo etwas von der Bettlerin erfahren, die seine Mutter war, obgleich er drei Jahre lang durch die Welt wanderte und obgleich ihm häufig war, als sähe er sie vor sich auf der Straße, und er nach ihr rief und hinter ihr her lief, bis die scharfen Kiesel das Blut aus seinen Füßen springen ließen. Aber er vermochte sie nicht einzuholen, und die am Weg wohnten, verneinten stets, sie oder eine, die ihr glich, gesehen zu haben, und machten sich lustig über seinen Kummer.

Drei Jahre lang wanderte er durch die Welt, und es gab in der Welt weder Liebe noch Herzensgüte, noch Barmherzigkeit für ihn, sondern es war genauso eine Welt, wie er sie sich in den Tagen seiner großen Hoffart geschaffen hatte.

Und eines Tages kam er an das Tor einer Stadt mit starken Mauern, die an einem Fluß stand, und ob er gleich müde war und sich die Füße wundgelaufen hatte, ging er doch darauf zu, um einzutreten. Aber die Soldaten, die Wache standen, senkten ihre Hellebarden über den Eingang und fragten ihn unfreundlich: »Was willst du in dieser Stadt?«

»Ich suche meine Mutter«, antwortete er, »und ich bitte euch, mich durchzulassen, denn vielleicht befindet sie sich in dieser Stadt.« Aber sie verlachten ihn, und einer von ihnen schüttelte seinen schwarzen Bart und setzte seinen Schild nieder und sprach: »Wahrhaftig, deine Mutter wird sich nicht freuen, wenn sie dich sieht, denn du bist häßlicher als die Kröte im Sumpf oder die Natter, die im Moor kriecht. Scher dich fort. Scher dich fort. Deine Mutter wohnt nicht in dieser Stadt.«

Und ein anderer, der ein gelbes Banner in der Hand hielt, sagte zu ihm: »Wer ist deine Mutter, und warum suchst du sie?«

Und er antwortete: »Meine Mutter ist eine Bettlerin, so wie ich ein Bettler bin, und ich habe sie übel behandelt, und ich bitte euch, mich durchzulassen, damit ich ihre Vergebung erlangen kann, falls sie in dieser Stadt weilt.« Aber sie wollten nicht und stachen ihn mit ihren Spießen.

Und als er sich weinend abwandte, kam einer, dessen Rüstung mit goldenen Blumen inkrustiert war und auf dessen Helm ein geflügelter Löwe kauerte, und erkundigte sich bei den Soldaten, wer Einlaß begehrt habe. Und sie sagten ihm: »Es ist ein Bettler und einer Bettlerin Kind, und wir haben ihn davongejagt.«

»Nein«, rief er lachend aus, »wir wollen das garstige Geschöpf als Sklaven verkaufen, und sein Preis soll der Preis für einen Humpen süßen Weines sein.«

Und ein alter Mann mit einem bösen Gesicht, der vorbeikam, rief aus: »Für diesen Preis will ich ihn kaufen«, und als er den Preis gezahlt hatte, nahm er das Sternenkind bei der Hand und führte den Knaben in die Stadt.

Und nachdem sie durch viele Straßen gegangen waren, kamen sie an eine kleine, in eine Mauer eingelassene Tür, die ein Granatapfelbaum überdachte. Und der alte Mann berührte die Tür mit einem Ring aus geschnittenem Jaspis, und sie tat sich auf, und sie gingen fünf eherne Stufen hinab in einen Garten voll schwarzem Mohn und grünen Kruken aus gebranntem Ton. Und der alte Mann entnahm seinem Turban ein Tuch aus gemusterter Seide und verband dem Sternenkind die Augen und trieb den Knaben vor sich her. Und als ihm die Binde von den Augen genommen war, sah sich das Sternenkind in einem Verlies, das durch eine Laterne aus Horn erhellt war.

Und der Alte setzte ihm auf einem Brett ein wenig schimmliges Brot vor und sagte: »Iß«, und in einem Becher ein wenig Brackwasser und sagte: »Trink«, und als der Knabe gegessen und getrunken hatte, ging der Alte hinaus und verschloß hinter sich die Tür und sicherte sie mit einer Eisenkette.

Und am Morgen kam der Alte, der in Wahrheit der abgefeimteste aller Zauberer in Libyen war und seine Kunst von einem gelernt hatte, der in den

Grabgewölben am Nil wohnte, zu ihm herein und blickte ihn finster an und sprach:

»In einem Wald nahe dem Tor dieser Stadt der Ungläubigen liegen drei Stücke Gold. Eines ist von weißem Gold, das zweite von gelbem Gold, und das Gold des dritten ist rot. Heute sollst du mir das Stück weißen Goldes holen, und wenn du es nicht herbringst, werde ich dich mit hundert Streichen schlagen. Mach dich geschwind davon, und bei Sonnenuntergang werde ich dich an der Gartentür erwarten. Sieh zu, daß du das weiße Gold bringst, oder es wird dir übel ergehen, denn du bist mein Sklave, und ich habe dich um den Preis für einen Humpen süßen Weines gekauft.« Und er verband dem Sternenkind die Augen mit dem Tuch aus gemusterter Seide und führte den Knaben durch das Haus und durch den Mohngarten und die fünf ehernen Stufen hinauf. Und nachdem er die kleine Tür mit seinem Ring geöffnet hatte, schob er ihn auf die Straße.

Und das Sternenkind ging zum Tor hinaus aus der Stadt und kam zu dem Wald, von dem ihm der Zauberer erzählt hatte.

Nun war dieser Wald von außen sehr schön anzusehen und schien voll singender Vögel und süßduftender Blumen zu sein, und das Sternenkind betrat ihn frohen Herzens. Doch seine Schönheit nützte ihm wenig, denn wohin er auch ging, wuchsen Sträucher und Büsche mit scharfen Dornen aus dem

Boden empor und schlossen ihn ein, und böse Nesseln stachen ihn, und die Distel durchbohrte ihn mit ihren Dolchen, so daß er arge Pein litt. Auch konnte er nirgendwo das Stück weißen Goldes finden, von dem der Zauberer gesprochen hatte, obgleich er vom Morgen bis zum Mittag und von Mittag bis Sonnenuntergang danach suchte. Und bei Sonnenuntergang wandte er bitterlich weinend sein Gesicht heimwärts, da er wußte, welches Los seiner wartete.

Doch als er den Saum des Waldes erreicht hatte, vernahm er aus dem Dickicht einen Schrei wie von einem, der in Not ist. Und seinen eigenen Kummer vergessend, lief er zurück zu der Stelle und sah einen kleinen Hasen, der in einer von Jägerhand aufgestellten Falle gefangen war.

Und das Sternenkind hatte Mitleid mit ihm und befreite ihn und sagte zu ihm: »Ich bin selber nur ein Sklave, dennoch kann ich dir die Freiheit schenken.«

Und der Hase antwortete ihm und sprach: »Du hast mir fürwahr die Freiheit geschenkt, und was soll ich dir zum Dank dafür geben?«

Und das Sternenkind sagte: »ich suche nach einem Stück weißen Goldes, aber ich kann es nirgendwo finden, und wenn ich es meinem Herrn nicht bringe, wird er mich schlagen.«

»Komm mit mir«, sagte der Hase, »Ich werde

dich hinführen, denn ich weiß, wo es verborgen ist und zu welchem Zweck.«

Also ging das Sternenkind mit dem Hasen, und siehe, im Spalt einer mächtigen Eiche erblickte er das Stück weißen Goldes, das er suchte. Und er war voller Freude und ergriff es und sagte zu dem Hasen: »Den Dienst, den ich dir geleistet habe, hast du mir viele Male gelohnt, und die Freundlichkeit, die ich dir erwies, hast du mir hundertfach vergolten.«

»Nicht so«, antwortete der Hase, »wie du an mir tatest, so habe ich an dir getan«, und er lief flink davon, und das Sternenkind wanderte der Stadt zu.

Nun hockte aber am Stadttor einer, der aussätzig war. Über das Gesicht hing ihm eine Kapuze aus grauem Leinen, und durch die Sehlöcher funkelten seine Augen wie rotglühende Kohlen. Und als er das Sternenkind kommen sah, schlug er auf einen Holznapf und rasselte mit seiner Schelle und rief ihn an und sprach: »Gib mir ein Geldstück, oder ich muß Hungers sterben. Denn sie haben mich aus der Stadt geworfen, und da ist niemand, der sich meiner erbarmt.«

»Ach«, rief das Sternenkind, »ich habe nur ein einziges Geldstück in meinem Beutel, und wenn ich es meinem Herrn nicht bringe, wird er mich schlagen, denn ich bin sein Sklave.«

Aber der Aussätzige flehte ihn an und bat ihn inständig, bis sich das Sternenkind erbarmte und ihm das Stück weißen Goldes gab.

Und als der Knabe zum Hause des Zauberers kam, öffnete ihm der Zauberer und holte ihn herein und fragte ihn: »Hast du das Stück weißen Goldes?« Und das Sternenkind antwortete: »Ich habe es nicht.« Da fiel der Zauberer über den Knaben her und schlug ihn und setzte ihm ein leeres Brett vor und sagte: »Iß«, und einen leeren Becher und sagte: »Trink«, und warf ihn wieder in das Verlies.

Und am Morgen kam der Zauberer zu ihm und sprach: »Wenn du mir heute nicht das Stück gelben Goldes bringst, so werde ich dich ganz gewiß als meinen Sklaven behalten und dir dreihundert Hiebe geben.«

Also ging das Sternenkind in den Wald, und den ganzen Tag suchte der Knabe nach dem Stück gelben Goldes, aber nirgendwo konnte er es finden. Und bei Sonnenuntergang setzte er sich nieder und begann zu weinen, und während er noch weinte, kam der kleine Hase zu ihm, den er aus der Falle befreit hatte. Und der Hase fragte ihn: »Warum weinst du? und wonach suchst du im Wald?«

Und das Sternenkind antwortete: »Ich suche nach einem Stück gelben Goldes, das hier verborgen ist, und wenn ich es nicht finde, wird mein Herr mich schlagen und als Sklave behalten.«

»Folge mir«, rief der Hase, und er lief durch den

Wald, bis er zu einem Wassertümpel kam. Und am Grunde des Tümpels lag das Stück gelben Goldes.

»Wie soll ich dir danken?« sagte das Sternenkind. »Denn siehe, dies ist das zweite Mal, daß du mir geholfen hast.«

»Nicht doch, du hast dich zuerst meiner erbarmt«, erwiderte der Hase und lief geschwind davon.

Und das Sternenkind nahm das Stück gelben Goldes und steckte es in seinen Beutel und eilte der Stadt zu. Doch der Aussätzige sah den Knaben kommen und lief ihm entgegen und kniete nieder und rief: »Gib mir ein Geldstück, oder ich werde Hungers sterben.«

Und das Sternenkind sprach zu ihm: »Ich habe in meinem Beutel nur ein Stück gelben Goldes, und wenn ich es meinem Herrn nicht bringe, wird er mich schlagen und als seinen Sklaven behalten.«

Aber der Aussätzige flehte ihn so inständig an, daß sich das Sternenkind seiner erbarmte und ihm das Stück gelben Goldes gab.

Und als er zum Hause des Zauberers kam, öffnete ihm der Zauberer und fragte ihn: »Hast du das Stück gelben Goldes?« Und das Sternenkind antwortete ihm: »Ich habe es nicht.« Da fiel der Zauberer über den Knaben her und schlug ihn und belud ihn mit Ketten und warf ihn wieder in das Verlies.

Und am Morgen kam der Zauberer zu ihm und sprach: »Wenn du mir heute das Stück roten Goldes bringst, werde ich dich freilassen; bringst du es aber nicht, so werde ich dich wahr und wahrhaftig erschlagen.«

Also ging das Sternenkind in den Wald, und den ganzen Tag suchte der Knabe nach dem Stück roten Goldes, konnte es jedoch nirgendwo finden. Und am Abend setzte er sich nieder und weinte, und während er noch weinte, kam der kleine Hase zu ihm.

Und der Hase sprach zu ihm: »Das Stück roten Goldes, das du suchst, befindet sich in der Höhle hinter dir. Deshalb weine nicht mehr, sondern sei fröhlich.«

»Wie soll ich dir nur danken«, rief das Sternenkind, »denn siehe, dies ist das dritte Mal, daß du mir geholfen hast!«

»Nicht doch, du hast dich zuerst meiner erbarmt«, antwortete der Hase und lief geschwind davon.

Und das Sternenkind trat in die Höhle und fand in ihrer äußersten Ecke das Stück roten Goldes. Das steckte der Knabe in seinen Beutel und eilte der Stadt zu. Und da ihn der Aussätzige kommen sah, stellte er sich mitten auf die Straße und rief ihn an und sprach: »Gib mir das rote Goldstück, oder ich muß Hungers sterben«, und wieder erbarmte sich das Sternenkind seiner und gab ihm das Stück roten Goldes und sagte: »Deine Not ist größer als meine.« Doch das Herz war ihm schwer, denn er wußte, welch schlimmes Los seiner wartete.

Doch siehe, als er durch das Stadttor ging, verneigten sich die Wachen vor ihm und huldigten ihm und sprachen: »Wie schön ist unser Gebieter!«, und eine große Schar Bürger folgte ihm und rief: »Wahrlich, niemand auf der ganzen Welt ist so schön!«, weshalb das Sternenkind weinte und zu sich sprach: ›Sie verhöhnen mich und achten nicht meines Elends.‹ Und so gewaltig war der Zusammenstrom des Volkes, daß der Knabe die Richtung verlor und sich schließlich auf einem Platz sah, wo eines Königs Palast stand.

Und das Tor des Palastes tat sich auf, und die Priester und die hohen Würdenträger der Stadt kamen ihm eilends entgegen, und sie demütigten sich vor ihm und sprachen: »Du bist unser Gebieter, den wir erwarteten, und der Sohn unseres Königs.«

Und das Sternenkind antwortete ihnen und sprach: »Ich bin keines Königs Sohn, sondern das Kind einer armen Bettlerin. Und warum sagt ihr, ich sei schön, da ich doch weiß, daß ich übel anzuschauen bin?«

Da hob jener, dessen Rüstung mit goldenen Blumen inkrustiert war und auf dessen Helm ein geflügelter Löwe kauerte, einen Schild empor und rief: »Wie kann mein Gebieter sagen, er sei nicht schön?«

Und das Sternenkind blickte hinein, und siehe, sein Antlitz war wie einstmals, und seine Wohlgestalt war ihm wiedergegeben, und er sah in seinen Augen, was er nie zuvor darin gesehen hatte.

Und die Priester und die hohen Würdenträger knieten nieder und sprachen zu ihm: »Es wurde uns einst prophezeit, daß am heutigen Tage jener kommen würde, der über uns herrschen soll. Deshalb geruhe unser Gebieter, diese Krone und dies Zepter entgegenzunehmen und in seiner Gerechtigkeit und Gnade König über uns zu sein.«

Er aber antwortete ihnen: »Ich bin dessen nicht wert, denn ich habe die Mutter verleugnet, die mich gebar, und ich darf nicht rasten, ehe ich sie gefunden und ihre Vergebung erlangt habe. Deshalb laßt mich gehen, denn ich muß wieder durch die Welt wandern und darf hier nicht verweilen, ob ihr mir auch die Krone und das Zepter darbietet.« Und als er gesprochen hatte, wandte er sein Gesicht von ihnen ab und der Straße zu, die zum Stadttor führte, und siehe, in der Menge, die sich um die Soldaten drängte, erblickte er die Bettlerin, die seine Mutter war, und an ihrer Seite stand der Aussätzige, der am Wegrand gesessen hatte.

Und ein Schrei der Freude löste sich von seinen Lippen, und er lief hin und kniete nieder und küßte die Wunden an den Füßen seiner Mutter und benetzte sie mit seinen Tränen. Er neigte das Haupt in den Staub, und schluchzend, als sollte ihm das Herz brechen, sprach er zu ihr: »Mutter, in der Stunde meiner Hoffart habe ich dich verleugnet. Nimm mich auf in der Stunde meiner Demut. Mutter, ich gab dir Haß. Gib du mir Liebe. Mutter, ich stieß dich zurück. Empfange du nun dein Kind.« Aber die Bettlerin antwortete ihm nicht.

Und er streckte die Hände aus und umfing die weißen Füße des Aussätzigen und sprach zu ihm: »Dreimal habe ich mich deiner erbarmt. Heiße meine Mutter nur einmal zu mir sprechen.« Aber der Aussätzige antwortete ihm nicht.

Und wieder schluchzte er und sagte: »Mutter, mein Leiden ist größer, als ich es ertragen kann. Laß mir deine Vergebung zuteil werden und laß mich zurückkehren in den Wald.« Und die Bettlerin legte ihm die Hand aufs Haupt und sprach: »Steh auf«, und der Aussätzige legte ihm die Hand aufs Haupt und sagte ebenfalls: »Steh auf.«

Und er stand auf und blickte sie an, und siehe, sie waren ein König und eine Königin.

Und die Königin sprach zu ihm: »Dies ist dein Vater, dem du geholfen hast.«

Und der König sprach: »Dies ist deine Mutter, deren Füße du in deinen Tränen gebadet hast.«

Und sie fielen ihm um den Hals und küßten ihn und führten ihn in den Palast und kleideten ihn in schöne Gewänder und setzten ihm die Krone aufs Haupt und legten ihm das Zepter in die Hand, und er herrschte über die Stadt am Strom und war ihr

Gebieter. Große Gerechtigkeit und Gnade bezeigte er gegen alle, und den bösen Zauberer verbannte er, und dem Holzfäller und seinem Weibe schickte er viele kostbare Geschenke, und ihren Kindern erwies er hohe Ehre. Und er duldete nicht, daß jemand grausam war gegen Vögel oder anderes Getier, sondern lehrte Liebe und Herzensgüte und Barmherzigkeit, und den Armen gab er Brot, und denen, die nackt und bloß waren, gab er Kleidung, und es herrschte Friede und Überfluß im Lande.

Doch er regierte nicht lange, so groß war sein Leiden gewesen und so schmerzhaft das Feuer seiner Prüfung; drei Jahre später starb er. Und der nach ihm kam, regierte schlecht.

Oscar Wilde

Die Flucht nach Ägypten

Eine Weihnachtslegende

Der Engel, der ungesehen über der Heiligen Familie wachte, war eingeschlafen. Dagegen ist niemand geschützt, sei er nun Nachtwächter, Apostel oder Engel. Zudem war gestern ein schwerer Tag gewesen mit dem Besuch dieser drei Könige.

Aber mitten in der Nacht krachte ein Balken des Stalles so laut, daß er aufwachte. »Hilf, hilf! Engel, hilf!«

Welch ein fürchterlicher Geruch! Ein Gestank! Der Engel griff nach seinem Nothorn, um die Engel dort oben herunter zu rufen, – aber es war nicht nötig, nein, es war nicht der Teufel. Der Engel hob die Faust vors rechte Auge und blickte durch die schmale Höhlung in die Ferne.

Ach so! Es waren die ekelhaften Gedanken des Königs Herodes. Sie entströmten seinem dicken Kopf wie der Dampf einem brodelnden Kessel. Den Engel überlief es kalt vor Schrecken und Entsetzen, und er fächelte sofort mit seinen Flügeln, um den Gestank zu vertreiben. Aber Sankt Joseph mußte gewarnt werden! Der Engel rieb sich den Schlaf aus den Augen, schüttelte seine goldenen Haarlocken, holte aus seiner Reisetasche ein silbernes Meßgewand hervor, hängte es um, nahm eine himmlische Haltung ein und erschien so in Sankt Josephs Traum. Denn Sankt Joseph war ein gerechter Mann, für den selbst die Engel ihren Sonntagsstaat anlegen. Sankt Joseph schlief fest und ruhig in der wohligen Wärme seines weißen Bartes. Sein Herz war noch erfüllt von Freude und Glanz wegen der Ehre und der Geschenke, die die drei Könige dem Jesuskind dargebracht hatten. Aber was sollte ein armer Mann mit dem vielen Gold anfangen? Er hatte es dem Pfarrer von Bethlehem bringen lassen. Und mitten in diesem von Gold und Ehre durchsponnenen Traum blitzte plötzlich der silberne Engel hervor und sprach mit einer Orgelstimme: »Fliehe, fliehe! König Herodes will morgen das Kindlein, unseren Herrn, töten lassen ...«

Sankt Joseph wachte auf. Es war dunkle Nacht. »Es ist nur ein Traum!« sagte der Schlaf und versuchte, ihm die Augen wieder fest zu schließen. Aber Sankt Joseph wußte aus Erfahrung, daß man einen Traum nicht unbeachtet lassen darf. Er hielt die Augen hartnäckig offen, erhob sich und zündete die Laterne an. Es ging um das Kindlein! Er mußte sich beeilen, aber dennoch sehr vorsichtig zu Werke gehen, denn das Jesuskind und seine Mutter waren zarte Wesen.

Die Laterne spendete Licht, ein gewöhnliches, spärliches Laternenlicht, aber als sie bemerkte, daß

Sankt Joseph mit ihr zu Maria ging, dehnte sie ihre Flamme weit aus, vor Ehrfurcht und Neugierde, denn sie hatte die Gottesmutter nur einmal sehen dürfen, zu Weihnachten. Wie hatte sie sich damals schon Mühe gegeben, recht hell zu leuchten! Den ganzen Stall hatte sie mit ihrem Licht erfüllt! Eine Laterne ist ein gutmütiges, aber nicht sehr gescheites Wesen; die arme hatte nicht einmal bemerkt, daß das viele Licht von den Engeln herrührte. Jetzt wollte sie wieder ein solches Licht verbreiten. Sie schluckte das Öl in vollen Zügen, faltete ihre Flamme auseinander, blähte sich auf, gab sich die größte Mühe, aber das Licht wurde nicht größer als ein Ei. Mit dem Öl ist etwas nicht in Ordnung, meinte sie; nein, sagte das Öl, es liegt am Docht; ausgeschlossen, sagte der Docht, es liegt an der Flamme; nein, nein, beteuerte die Flamme, die Laterne ist schuld. Während die Laterne mit sich selbst herumzankte, aber inzwischen doch versuchte, zu sehen und zu bewundern, freute sich Sankt Joseph, daß die Laterne heute nacht so wunderschön leuchtete.

Maria lag auf einem Strohbündel mit dem Kindlein im Arm. Das Stroh umarmte sie zärtlich.

Sankt Joseph ging vorsichtig auf den Fußspitzen zu Maria, um sie zu wecken, berührte sie schüchtern mit dem Zeigefinger an der Schulter und flüsterte leise: »Maria.«

›Davon wird niemand wach‹, dachte die Nacht.

Rogier van der Weyden: Anbetung Christi

Aber Maria war wie ein kristallner Römer: sobald man daran tippt, gibt er einen schönen Ton.

»Was gibt es, Joseph?« fragte Maria.

Ihre großen Augen glänzten wie zwei Wunder in ihrem schmalen, blassen Gesicht.

Staunend blickte die Laterne sie an und vergaß, sich aufzublähen. Auch Frau Nacht, im schwarzen Samtmantel, bewegte vor Staunen keinen Stern ihres Gewandes, als sie diese Augen, so erfüllt von Seele und Himmel, offen sah. Denn gewöhnlich sah sie Maria nur im Schlaf, mit geschlossenen Augen.

»Hör mal, du Knirps«, sagte die Nacht verächtlich zur Laterne, »sei nur nicht so geizig mit deinem Öl, damit ich Unsere Liebe Frau besser sehen kann!«

»Hört mal, feine Madam«, erwiderte die Laterne ein wenig verärgert, »holt Ihr doch Euren Blechdekkel hervor!«

Doch es war ja der Nacht nur an bestimmten Tagen erlaubt, den silbernen Mond zu zeigen. Jetzt aber schob sie, um besser zu sehen, ihren Mantel beiseite, und siehe, der Himmel stand voller Sterne, die wie Diamanten funkelten. Das Gesicht Unserer Lieben Frau war hell erleuchtet.

»Seht nur, wieviel Licht ich spende!« sagte die Laterne stolz. Aber die Nacht war so in Ehrfurcht versunken, daß sie es nicht hörte.

»Wir müssen fliehen«, sagte Sankt Joseph ... »Der

Engel ist mir im Traum erschienen ... König Herodes will das Kindlein töten!«

Die großen Augen wurden noch größer vor Angst, und dann schlossen sie sich, während das blasse Gesicht Marias sich voll Demut neigte.

Der kleine Stall krachte in allen Fugen vor Schreck und Schmerz. Er war ganz fassungslos und wie versteinert. Entsetzt mußte er zusehen, wie Sankt Joseph Maria beim Aufstehen half, wie er sein Werkzeug zusammensuchte, das Bündel schnürte, sich noch einmal vorsorglich nach allen Seiten umguckte und wie sie dann zusammen hinausgingen, begleitet von der Laterne und der Sternennacht.

Mit einem leisen Krachen brach der Stall vor Schmerz zusammen.

Es herrschte gerade die richtige Dunkelheit zur Flucht.

Die Laterne beleuchtete ein kurzes Stück des Weges, zeigte die Pfützen, ließ die Steine erkennen, über die man stolpern könnte, und die Nacht wies mit ihren Sternen die Richtung des Nordens.

Dennoch war Maria ängstlich und sprach: »Ach, Joseph, wäre es nur erst Tag!« So ist ein Mutterherz, es möchte stets voll Ungeduld der Zeit vorauseilen.

»Einen Augenblick!« sagte der Hahn des Bauernhofes, an dem sie gerade vorbeigingen, und ließ einen gewaltigen Weckruf erschallen – so laut hatte er sein Lebtag noch nie gekräht.

»Bist du verrückt!« rief die stolze Nacht. »Ich habe meine Wanderung noch lange nicht beendet!«

Aber der Hahn antwortete ihr so selbstbewußt, als wäre er dieser vornehmen Dame in jeder Weise ebenbürtig: »Unser Herrgott soll wohl dir zuliebe in den Straßengraben geraten?«

Er warf sich von neuem in die Brust, schloß die Augen, um zum zweiten Male zu krähen, aber es war nicht mehr nötig. Der dunkle Osten barst plötzlich auseinander, so daß das Gold in Funken und Fetzen über den Himmel sprühte, und keuchend vor Müdigkeit kam die Sonne herauf, das Land zu beleuchten. Sie war ganz außer Atem, denn sie hatte zwei große Länder überspringen müssen, die nun im Dunkeln blieben. Es war keine leichte Aufgabe gewesen, fast ebensoschwer wie damals, als sie auf Befehl Josuas am Himmel stehenbleiben mußte. Aber das machte alles nichts, wenn nur unserem Herrgott damit gedient war!

Unter den Menschen jedoch entstand eine große Verwirrung.

»Was soll das heißen?« sagte der Bauer vom Brakenhof; an seiner Wanduhr war es erst um drei und schon taghell, noch dazu im Februar! Natürlich war die Uhr schuld, war schlecht aufgezogen. Er stand auf und fing an zu arbeiten. Nachtschwärmer in der Stadt, die noch vergnügt beim Bier zusammenhockten, erschraken, daß die Nacht so schnell vergangen war, und zankten sich mit der Wirtin, weil sie die Zeiger der Uhr zurückgedreht hätte.

Kaufleute, die um sieben Uhr abreisen wollten und den Wecker auf sechs gestellt hatten, wurden plötzlich wach vom Licht, sprangen hastig aus dem Bett und rannten ohne Frühstück zur Postkutsche. Die Postkutsche war noch da. »Ich muß wohl vergessen haben, meine Uhr aufzuziehen«, meinte der Postillion.

Überall herrschte ein richtiges Durcheinander, aber kein Mensch dachte daran, der Sonne die Schuld zu geben. Schuld waren nur die Uhren.

Auch bei König Herodes stand alles kopf. Zunächst wurde der königliche Uhrenaufseher seines Amtes enthoben. Dieser Kerl steckte gewiß mit den falschen drei Königen unter einer Decke. Der Hauptmann bezog einen tüchtigen Rüffel, weil er nicht schon bei Nacht und Nebel nach Bethlehem aufgebrochen war, um den furchtbaren Kindermord durchzuführen. Endlich machte sich die Truppe auf den Weg. Das Dorf wurde von allen Seiten umzingelt, und auf ein Trompetenzeichen stürmten die Soldaten wie Wölfe in die Häuser, wo sie alle kleinen Kinder den Armen ihrer Mütter entrissen und mit Dolchen und Schwertern töteten.

»Jetzt noch diesen kleinen Stall da drüben!« rief der Hauptmann. Aber wie erschrak er, als sie dort anlangten, denn das Gebäude war völlig in sich zusammengesunken, und ein Bauer aus der Nachbarschaft sagte: »Die Leute werden wohl geflohen sein. Hier sind gestern die drei Könige aus dem Morgenland eingekehrt, um ein Kind anzubeten!«

Der Hauptmann war außer sich vor Wut und rief: »Dann war dieses Kind der neue König, den wir töten sollten! Auf, auf! Wir wollen sie verfolgen!« Ein schlauer Offizier zeigte ihm auf dem weichen Erdboden die Fußtapfen Marias und Josephs.

»Dieser Spur wollen wir folgen! In einer Stunde sind sie in unserer Hand. Wir bringen den neuen König lebend zu Herodes, damit er ihm mit eigener Hand den Hals umdrehen kann!«

Die Pferde sausten von dannen, immer den verräterischen Fußspuren nach.

Man darf nun nicht vergessen, daß der Schutzengel unsichtbar die Heilige Familie begleitete. Dieser Engel kümmerte sich um Wind und Licht, gab auf die Wolken acht und blickte ab und zu durch die hohle Faust in die Ferne, um jede Gefahr sofort zu entdecken.

Von der Laterne ist weiter nichts zu berichten, als daß sie vor Scham erlosch, sobald sie das strahlende Haupt der Sonne gesehen hatte, und die Nacht zog schnell ihren schwarzen Mantel aus, so daß man sie nicht mehr sehen konnte.

Joseph und Maria setzten rasch ihren Weg fort. Joseph trug das Kindlein, er trug alles, sein Werkzeug, das Kleiderbündel, Angst und Sorge, und Maria lehnte sich an seine Schulter.

»Ich bin so müde«, sagte sie.

»Wir werden ein wenig ausruhen«, antwortete er.

Sie wollten sich gerade auf einem Baumstamm niederlassen, als Maria, durch einen häßlichen Schrei plötzlich erschreckt, wieder in die Höhe fuhr. Sie blickten sich um. Auf einer Wiese stand ein Esel und gab einen Lärm von sich wie eine verrostete Pumpe.

»Hätten wir nur einen Esel!« meinte Sankt Joseph.

Und siehe, sogleich stampfte der Esel durch einen Bach und kam auf sie zu, ganz von selbst. So ganz von selbst war das natürlich nicht. Der unsichtbare Schutzengel holte ihn aus der Wiese und flüsterte ihm in sein langes Ohr: »Sei nun aber nicht störrisch, Grauchen, es ist unser Herrgott«, und erzählte ihm in allen Einzelheiten, was geschehen war, ermahnte den Esel, sich recht brav und anständig zu benehmen, und versprach ihm, daß er später einen schönen Namen in den heiligen Büchern erhalten würde.

»Werde ich dann so schön wie ein Pferd?« fragte der Esel begierig.

»Nein«, erwiderte der Engel, »was einmal ist, muß bleiben, aber dein Name wird schöner sein als der des schönsten Pferdes. Man wird dich das Pferd Gottes nennen.«

»An einem Namen liegt mir nichts«, sagte der Esel. »Ich wäre lieber ein Pferd ohne Namen als ein Esel mit Namen. Was Ihr von mir verlangt, will ich gerne tun, aber nur aus Dankbarkeit gegen Gott, und wenn es doch nicht zu ändern ist, so bleibe ich lieber ein gewöhnlicher Esel, ohne Namen.«

Der Engel führte das Grauchen zu Sankt Joseph, der ihm freundlich den großen Kopf streichelte, zwischen den beiden Augen.

»Gutes Tier«, sagte er, »ach! hätten wir nur ein solches Tier!«

Der Esel betrachtete das Kind, das mit seinen offenen blauen Äuglein im Schatten des weiten Kapuzenmantels in Marias Armen lag.

›Ist das nun unser Herrgott, der alles geschaffen hat und gekommen ist, um die Menschheit zu erlösen?‹ dachte der Esel, ein wenig enttäuscht. ›Ich verstehe das nicht‹, grübelte er weiter, ›was will der Mensch nur noch? Er ist doch Herr über Pferde und Esel! Wäre es nun nicht besser, unser Herrgott käme, um die Esel zu erlösen? Ich begreife das natürlich nicht, ich bin ja nur ein Esel. Wäre ich ein Pferd, dann würde mir wahrscheinlich alles klar sein.‹

Ach ja, der Esel dachte noch über vieles nach,

aber da er doch nicht klug daraus werden konnte, hörte er auf zu denken und suchte neben dem gefällten Baumstamm nach Disteln! Er fand auch welche, gute, scharfe, harte Disteln, die er mit Stumpf und Stiel verzehrte.

»Komm, Maria«, sagte Sankt Joseph besorgt, »wollen wir nicht weitergehen?«

Maria seufzte, stützte sich auf seine Schulter, und so schritten sie wieder durch den Morgen, umspielt von den noch kalten, aber hellen Strahlen der Sonne.

Und siehe, der Esel folgte ihnen und lief neben Sankt Joseph.

»Geh, mein gutes Tier«, sagte der alte Mann, »kehr zurück zu deiner Wiese! Du gehörst doch nicht zu uns!«

Aber es nützte nichts, der Esel lief mit. Sankt Joseph hielt ihm noch eine tüchtige Predigt über Untreue und Widerspenstigkeit, aber als auch das nicht half, sprach er: »Gut, wenn du durchaus mitgehen willst, ich kann es nicht ändern – meine Hände sind rein. Sollten wir später einmal zurückkehren dürfen, dann werde ich mit deinem Herrn alles regeln.« Und zu Maria sagte er: »Gott sendet uns diesen guten Esel, setz dich auf seinen Rücken!«

Sonderbarerweise ließ sich der Esel auf die Kniee nieder, um das Aufsteigen zu erleichtern. Nun trippelte er mit seiner heiligen Last so lustig davon, daß

Sankt Joseph Mühe hatte, mit ihm Schritt zu halten. Der gute Mann freute sich und dachte: ›Nun wird Herodes uns nicht mehr einholen!‹

Der Engel jedoch hörte nicht auf zu wachen, blickte in die Ferne und hörte plötzlich die nahenden Soldaten des Herodes. Er flog eine Zeitlang hin und her wie ein verwundeter Vogel, unschlüssig, was zu tun wäre. Da begegnete ihm ein anderer Engel, der Spender guter Gedanken. Die Engel flattern, wie Schmetterlinge auf der Wiese, zahlreich in der Luft umher, und jeder hat einen Namen und eine besondere Aufgabe.

»Gnädiges Licht!« rief der Schutzengel, »unser Herrgott ist in Gefahr. Herodes verfolgt ihn! Was soll ich da machen?«

»Nun, Silberner Wächter, so ruf doch die Schneestreuer«, sagte Gnädiges Licht und flog weiter zu irgendeinem Künstler oder Propheten.

Da blies Silberner Wächter in sein Horn. Die Schneestreuer, die eifrig damit beschäftigt waren, neue Kristallsterne anzufertigen, hörten sofort, daß es ihnen galt. Einige taumelten nach unten, wechselten ein paar Worte mit dem Schutzengel und schossen wieder in die Höhe.

Im Handumdrehen stieg vom Norden her eine Wolkenwand herauf. Die Sonne tauchte unter, das Licht wurde trüb und grau, und der Schnee fiel in dichten Flocken auf die Erde.

Man kann sich denken, wie der Hauptmann fluchte! Die Fußspuren verschwanden im Schnee, und an der Wegkreuzung war der Hauptmann völlig ratlos. Er sandte seine Soldaten in alle Himmelsrichtungen, er selbst wählte mit seinem Trupp den richtigen Weg.

Sobald der Schutzengel aber diese drohende Gefahr erkannte, begann er aufgeregt und verzweifelt hin und her zu flattern. Was nun?

Da bemerkte er einen großen Baum mit einem ausgehöhlten Stamm, dessen Wipfel ein Elsternnest trug. Sollte er die Heilige Familie in dieser Höhle verstecken und ein Spinnengewebe davor machen, wie es in alten Geschichten oft geschieht?

Aber dem Hauptmann könnten diese Gedanken ebensogut bekannt sein, und dann würde er sich nicht täuschen lassen.

»Bäumlein, Bäumlein, hilf uns!« rief Silberner Wächter. Es erhob sich plötzlich ein gewaltiger Wind, so daß der Baum sich bis zur Erde neigte. So blieb er stehen, das heißt, der Engel hielt ihn mit aller Gewalt fest. Sankt Joseph erhielt nun vom Gnädigen Licht die glückliche Eingebung, die sie retten sollte.

»Maria, steig doch in dieses Nest!«

Sogleich wurde das Nest so groß wie ein Thronsessel. Maria setzte sich mit dem Jesuskind hinein, und Sankt Joseph stellte sich daneben.

»Komm, Grauchen«, sagte der Engel, »der Platz reicht auch für dich.«

»Haha!« lachte der Esel, »Ihr wollt Euch wohl über mich lustig machen! Wenn ich schon kein Pferd werden kann, dann will ich auch nicht wie ein Vogel auf einem Baum sitzen.«

Da ließ der Engel den gebeugten Wipfel des Baumes los, der sich nun langsam wiederaufrichtete.

Schon nach kurzer Zeit gelangten die Soldaten an den Baum. »Absitzen!« befahl der Hauptmann einem Unteroffizier, »und die Baumhöhle genau untersuchen, auch wenn Spinngewebe davor sein sollte.«

»Niemand drin!« rief der Unteroffizier, »nur ein Esel, der seinen Schwanz zeigt.«

»Verdammter Esel!« schimpfte der Hauptmann.

Der Esel und der Unteroffizier fühlten sich beide getroffen.

Der Offizier zeigte dem Hauptmann das große Elsternnest. »Verfluchtes Nest!« schrie der Hauptmann, und sie ritten weiter.

Es hörte auf zu schneien. Die Wolkenwand riß auseinander, und wie eine rote Feuerkugel ging im Westen die Sonne unter ...

»Maria«, sagte Joseph, und er zeigte auf einen blauen Strich unterhalb der Sonne, »dort ist das Meer! Morgen werden wir wohl ein Schifflein finden ...«

Wieder kam die Nacht mit ihrem Mantel voller Sterne, die funkelten, wie sie noch nie gefunkelt hatten. Joseph und Maria saßen warm geborgen in dem Nest.

Der Esel vertrieb sich die Zeit, indem er abwechselnd seinen Kopf und sein Hinterteil in die Baumhöhle schob, damit er überall mal warm wurde.

Am frühen Morgen neigte sich der Baum wieder zur Erde, und sie gelangten auf kleinen Feldwegen an das Meer.

Das Meer wirkte wundervolle Spitzen am Strand, wie schönere zu keiner Zeit in Brügge angefertigt wurden. Bunten Blumen gleich lagen die Muscheln im Sande verstreut. Natürlich war auch ein Schifflein zur Stelle, und der Schiffer, wie stoppelbärtig und braungebrannt er auch aussah, war vielleicht doch ein vermummter Engel, wer kann es wissen!

Er erklärte sich von selbst bereit, sie hinüberzufahren. Das Schifflein stach in See ... Sie waren gerettet!

Der Esel blickte ihnen vom Ufer aus nach, denn er hatte nicht in das Boot gewollt. Er war zum Schluß doch noch störrisch geworden, sonst wäre er ja auch kein Esel gewesen. Er blickte ihnen nach und grüßte mit wedelndem Schwanz.

Felix Timmermans

Weihnacht mit zwei Kindergeschichten

Als unser kleines stilles Christfest beendet war, noch vor zehn Uhr am Abend des 24. Dezember, war ich müde genug, um mich auf Nacht und Bett und vor allem darauf zu freuen, daß nun zwei ganze Tage ohne Post und ohne Zeitung vor uns lagen. Unsere große Wohnstube, die sogenannte Bibliothek, sah ebenso unordentlich und abgekämpft aus wie unser Inneres, aber viel heiterer, denn obwohl wir nur zu dreien gefeiert hatten: Hausherr, Hausfrau und Köchin, gaben doch das Tannenbäumchen mit den herabgebrannten Kerzen, das Durcheinander von farbigen, goldenen und silbernen Papieren und Bändern und auf den Tischen die Blumen, die übereinander geschichteten neuen Bücher, die teils straff teils müde und halb eingesunken an die Vasen gelehnten Malereien, Aquarelle, Steinzeichnungen, Holzschnitte, Kindermalereien und Photographien der Stube eine ungewohnte und festliche Überfülltheit und Bewegtheit, etwas von Jahrmarkt und etwas von Schatzkammer, einen Hauch von Leben und von Unsinn, von Kinderei und Spielerei. Und dazu kam die Luft, die mit Düften ebenso ungeordnet und übermütig beladene Luft mit dem Neben- und Ineinander von Harz, Wachs, Verbranntem, von Backwerk, Wein, Blumen. Des weitern stauten sich im Raume und in der Stunde, wie es alten Leuten zukommt, die Bilder, Klänge und Düfte von vielen, sehr vielen Festen vergangener Jahre, siebzig und mehr Male hatte seit dem ersten großen Erlebnis die Weihnacht mich wieder besucht, und waren es bei meiner Frau manche Jahre und Christfeste weniger, so war bei ihr dafür die Fremde, die Ferne und Erloschenheit und Unwiederbringlichkeit der Heimat und Geborgenheit noch größer als bei mir. War in den letzten angestrengten Tagen das Schenken und Packen, Beschenktwerden und Auspacken, das Sichbesinnen auf echte und unechte Verpflichtungen (die sich für Vernachlässigung oft unerbittlicher rächen als jene) und die ganze etwas überhitzte und überhetzte Betriebsamkeit einer Weihnachtszeit in unserem ruhelosen Zeitalter schon schwer zu bewältigen gewesen, so war diese Wiederbegegnung mit den Jahren und Festen vieler Jahrzehnte eine noch strengere Aufgabe, doch war es wenigstens eine echte und sinnvolle, und die echten und sinnvollen Aufgaben haben den Segen, nicht nur zu fordern und zu zehren, sondern auch zu helfen und zu stärken. Zumal in einer aufgelösten, am Mangel an Sinn erkrankten und hinsterbenden Zivilisation gibt es ja für den Einzelnen wie für die Gemeinschaften kein anderes Heil- und Nahrungsmittel, keine andere Kraftquelle fürs Weiterleben, als die Begegnung mit dem, was allem zum Trotz unserem Sein und Tun Sinn gibt und uns rechtfertigt. Und bei der Erinnerung an die Feste und Zusammenhänge eines ganzen Lebens, dem Lauschen auf Klänge und Regungen der Seele bis in die farbige Wildnis der Kindheit zurück, dem Blicken in geliebte längst erloschene Augen erweist sich eben doch das Vorhandensein eines Sinnes, einer Einheit, einer geheimen Mitte, um die wir, bald wissend, bald unwissend, lebenslang gekreist sind. Von den wachs- und honigduftenden frommen Christfesten der Kindheit, in einer, wie es schien, noch heilen, vor Zerstörung sicheren, an ihre Zerstörungsmöglichkeit nicht glaubenden Welt, über alle Wandlungen, Krisen, Erschütterungen und Wiederbesinnungen unseres privaten Lebens wie unserer Epoche hinweg hat sich in uns ein Kern erhalten, ein Sinn, eine Gnade, nicht an irgendein Dogma der Kirchen oder der Wissenschaften, sondern an das Vorhandensein einer Mitte, um die auch ein gefährdetes und gestörtes Leben sich stets aufs neue ordnen kann, ein Glaube an die Erreichbarkeit Gottes von eben diesem innersten Kern unseres Wesens aus, an die Koinzidenz dieses Zentrums mit der Gegenwart Gottes. Wo er gegenwärtig ist, mag ja auch das Häßliche und scheinbar Sinnlose ertragen werden, denn für ihn ist nirgends Erscheinung und Sinn getrennt, für ihn ist alles Sinn.

Das Bäumchen stand schon lange dunkel und ein wenig dumm auf seinem Tischchen, es brannte seit einer Weile das nüchterne elektrische Licht wie an jedem Abend, da wurden wir vor den Fenstern einer anderen Art von Helligkeit gewahr. Der Tag war wechselnd klar und verhangen gewesen, an den Hängen der Berge jenseits des Seetals standen zuweilen lang hingezogene, schmale weiße Wolken, alle in derselben Höhe, sie hatten fest und unbeweglich geschienen und waren doch, sooft man wieder hinaussah, verschwunden oder umgebaut gewesen, und beim Zunachten hatte es ausgesehen, als würden wir die Nacht über ohne Himmel sein und im Nebel stecken. Aber während wir mit unserer Feier, unserem Baum und seinen Kerzen, unseren Geschenken und den immer dichter kommenden Erinnerungen beschäftigt gewesen waren, hatte sich draußen mancherlei zugetragen und abgespielt. Als wir das gespürt und unser Stubenlicht gelöscht hatten, fanden wir draußen in der großen Stille eine überaus schöne, geheimnisvolle Welt liegen. Das schmale Tal zu unseren Füßen war mit Nebel angefüllt, auf dessen Oberfläche ein bleiches, aber starkes Licht spielte. Über diesem Nebelballen stiegen die beschneiten Hügel und Berge hinan, alle im selben gleichmäßigen, verteilten, aber starken Lichte stehend, und auf die weißen Tafeln waren überall die kahlen Bäume und Wälder und die schneefreien Felsgestaltungen wie mit spitzer Feder gekritzelte Buchstaben hingeschrieben, stumme, viele verschweigende Hieroglyphen und Arabesken. Oben aber über alledem wogte mit dem Vollmond durchschienenen Wolkengewimmel weiß und opalglänzend ein gewaltiger Himmel, unruhig wallend und vom Licht des vollen Mondes beherrscht, der zwischen den geisterhaft sich lösenden und wieder dichtenden Schleiern verschwand und erschien, und wenn er ein freies Stück Himmel erkämpfte, sahen wir ihn umgeben von elbisch kühlen, irisierenden Mondregenbogen, deren gleißend gleitende Farbenfolge sich in den Rändern durchschienener Wolken wiederholte. Perlig und milchig rann und rieselte das köstliche Licht durch den Himmel, glänzte schwächer unten im Nebel wider, wogte im Schwellen und Schwinden wie in lebendigen Atemzügen. Ehe ich zu Bett ging, die Lampe brannte wieder, warf ich noch einen Blick auf meinen Gabentisch, und wie Kinder am Christabend ein paar von ihren Geschenken mit ins Schlafzimmer und womöglich mit ins Bett nehmen, nahm ich mir auch etwas mit, um es vor dem Schlafen noch ein wenig bei mir zu haben und zu betrachten. Es waren die Gaben meiner Enkelkinder: von Sibylle, der Jüngsten, ein Staublappen, von Simeli eine kleine Zeichnung, ein Bauernhaus mit einem Sternhimmel darüber, von Christine zwei farbige Illustrationen zu meiner Erzählung vom Wolf, ein kraftvoll hingehauenes Gemälde von Eva und von ihrem zehnjährigen Bruder Silver ein mit seines Vaters Maschine geschriebener Brief. Ich nahm die Sachen mit ins Atelier hinüber, wo ich Silvers Brief noch einmal las, dann ließ ich sie liegen und stieg, mit schwerer Müdigkeit kämpfend, die Treppe zu meinem Schlafzimmer hinauf. Doch konnte ich noch lange Zeit nicht einschlafen, die Erlebnisse und Bilder des Abends hielten mich wach, und die nicht abzuwehrenden Reihen von Vorstellungen endeten jedesmal mit dem Brief meines Enkels, der so lautete:

Lieber Nonno! Ich will dir jetzt eine kleine Geschichte schreiben. Sie heißt: Für den lieben Gott. Paul war ein frommer Knabe. Er hatte in der Schule schon so viel vom lieben Gott gehört. Er wollte ihm jetzt auch einmal etwas schenken. Paul schaute alle seine Spielsachen an, aber alles gefiel ihm nicht. Da kam Pauls Geburtstag. Er bekam viele Spielsachen, darunter sah er einen Taler. Da rief er: Den schenke ich dem lieben Gott. Paul sagte: Ich gehe hinaus auf das Feld, dort habe ich einen schönen Platz, da wird ihn der liebe Gott sehen und ihn holen. Paul ging auf das Feld. Als Paul im Feld war, sah er ein altes Mütterlein, das mußte sich stützen. Er wurde traurig, und gab ihr den Taler. Paul sagte: Eigentlich war er für den lieben Gott. Viele Grüße von Silver Hesse.

An jenem Abend gelang es mir nicht mehr, die Erinnerung heraufzubeschwören, an die meines Enkels Erzählung mich mahnte. Erst anderen Tages fand sie sich von selber ein. Ich erinnerte mich: in meiner Knabenzeit, im selben Alter, in dem jetzt mein Enkel stand, zehnjährig also, hatte ich auch einmal eine Geschichte geschrieben, um sie meiner jüngeren Schwester zum Geburtstag zu schenken, es war außer einigen Knabenversen die einzige Dichtung, vielmehr der einzige dichterische Versuch aus meiner Kinderzeit, der erhalten geblieben ist. Ich selbst hatte viele Jahrzehnte nichts mehr von ihm gewußt, vor einigen Jahren aber war, ich weiß nicht mehr bei welchem Anlaß, dieser kindliche Versuch wieder zu mir zurückgekehrt, durch die Hand einer meiner Schwestern vermutlich. Und obwohl ich mich seiner nur noch undeutlich erinnern konnte, schien mir doch, er habe irgendeine Ähnlichkeit oder Verwandtschaft mit der Geschichte, die mein Enkel mehr als sechzig Jahre später für mich verfaßt hatte. Aber wenn ich auch bestimmt wußte, daß meine Kindergeschichte in meinem Besitz sei, wie sollte ich sie finden? Überall vollgestopfte Schubladen, gebündelte Mappen und Briefhaufen mit Aufschriften, die nicht mehr stimmten oder nicht mehr leserlich waren, überall beschriebenes und bedrucktes Papier aus Jahren und Jahrzehnten her, aufbewahrt, weil man sich zum Wegwerfen nicht hatte entschließen können, aufbewahrt aus Pietät, aus Gewissenhaftigkeit, aus Mangel an Schneid und Entschlußkraft, aus Überschätzung des Geschriebenen, das einmal »wertvolles Material« für irgendwelche neue Arbeiten abgeben könnte, aufbewahrt und eingesargt, wie einsame alte Damen Kasten und Dachböden voll Schachteln und Schächtelchen mit Briefen, gepreßten Blumen, abgeschnittenen Kinderlöckchen aufbewahren. Unendlich vieles sammelt sich, auch wenn man das Jahr hindurch Zentner von Papier verbrennt, um einen Literaten an, der nur selten den Wohnort gewechselt hat und in die Jahre gekommen ist.

Aber ich hatte mich nun in den Wunsch festgebissen, jene Erzählung wiederzusehen, sei es auch nur, um sie mit der meines gleichaltrigen Kollegen Silver zu vergleichen oder sie vielleicht abzuschreiben und ihm als Gegengabe zu schicken. Ich plagte mich und plagte meine Frau damit einen ganzen Tag, und wirklich fand ich das Ding schließlich am unwahrscheinlichsten Platz. Die Geschichte ist im Jahre 1887 in Calw geschrieben und heißt:

Die beiden Brüder

für Marulla

Es war einmal ein Vater, der hatte zwei Söhne. Der eine war schön und stark, der andere klein und verkrüppelt, darum verachtete der Große den Kleinen.

Das gefiel dem Jüngeren nun gar nicht, und er beschloß, in die weite, weite Welt zu wandern. Als er eine Strecke weit gegangen war, begegnete ihm ein Fuhrmann, und als er den fragte, wohin er fahre, sagte der Fuhrmann, er müsse den Zwergen ihre Schätze in einen Glasberg führen. Der Kleine fragte ihn, was der Lohn sei. Er bekam die Antwort, er bekomme als Lohn einige Diamanten. Da wollte der Kleine auch gern zu den Zwergen gehen. Darum fragte er den Fuhrmann, ob er glaube, daß die Zwerge ihn aufnehmen wollten. Der Fuhrmann sagte, das wisse er nicht, aber er nahm den Kleinen mit sich. Endlich kamen sie an den Glasberg, und der Aufseher der Zwerge belohnte den Fuhrmann reichlich für seine Mühe und entließ ihn. Da bemerkte er den Kleinen und fragte ihn, was er wolle. Der Kleine sagte ihm alles. Der Zwerg sagte, er solle ihm nur nachgehen. Die Zwerge nahmen ihn gern auf, und er führte ein herrliches Leben.

Nun wollen wir auch nach dem anderen Bruder sehen. Diesem ging es lang daheim sehr gut. Aber als er älter wurde, kam er zum Militär und mußte in den Krieg. Er wurde am rechten Arm verwundet und mußte betteln. So kam der Arme auch einmal an den Glasberg und sah einen Krüppel dastehen, ahnte aber nicht, daß es sein Bruder sei. Der aber erkannte ihn gleich und fragte ihn, was er wolle. »O mein Herr, ich bin an jeder Brotrinde froh, so hungrig bin ich.« »Komm mit mir«, sagte der Kleine, und ging in eine Höhle, deren Wände von lauter Diamanten glitzerten. »Du kannst dir davon eine Handvoll nehmen, wenn du die Steine ohne Hilfe herunterbringst«, sagte der Krüppel. Der Bettler versuchte nun mit seiner einen gesunden Hand etwas von den Diamantenfelsen loszumachen, aber es ging natürlich nicht. Da sagte der Kleine: »Du hast vielleicht einen Bruder, ich erlaube dir, daß er dir hilft.« Da fing der Bettler an zu weinen und sagte: »Wohl hatte ich einst einen Bruder, klein und verwachsen, wie Sie, aber so gutmütig und freundlich, er hätte mir gewiß geholfen, aber ich habe ihn lieblos von mir gestoßen, und ich weiß schon lange nichts mehr von ihm.« Da sagte der Kleine: »Ich bin ja dein Kleiner, du sollst keine Not leiden, bleib bei mir.«

Daß zwischen meiner Märchenerzählung und der meines Enkels und Kollegen eine Ähnlichkeit oder Verwandtschaft bestehe, ist wohl kein Irrtum des Großvaters. Ein Durchschnitts-Psychologe würde die beiden kindlichen Versuche etwa dahin deuten: jeder der beiden Erzähler sei natürlich mit dem Helden seiner Geschichte zu identifizieren, und es erdichte sich sowohl der fromme Knabe Paul wie der kleine Krüppel eine doppelte Wunscherfüllung, nämlich zunächst ein massives Beschenktwerden, sei es mit Spielzeug und Taler oder mit einem ganzen

Berg voll Edelsteinen und einem geborgenen Leben bei Zwergen, bei seinesgleichen also, fern von den Großen, Erwachsenen, Normalen. Darüber hinaus aber erdichtet jeder der Märchenerzähler sich auch noch einen moralischen Ruhm, eine Tugendkrone, denn mitleidig gibt er seinen Schatz dem Armen hin (was in Wirklichkeit weder der zehnjährige Alte noch der zehnjährige Junge getan hätte). Das mag wohl stimmen, ich habe nichts dagegen. Aber es scheint mir auch, daß die Wunscherfüllung sich im Bereich des Imaginären und Spielerischen vollziehe, wenigstens kann ich von mir sagen, daß ich im Alter von zehn Jahren weder Kapitalist noch Juwelenhändler war und bestimmt noch niemals mit Wissen einen Diamanten gesehen hatte. Dagegen waren manche Grimmsche Märchen und war vielleicht auch Aladin mit der Wunderlampe mir schon bekannt, und der Edelsteinberg war für das Kind weniger eine Vorstellung von Reichtum als ein Traum von unerhörter Schönheit und Zaubermacht. Und eigentümlich kam mir auch diesmal vor, daß in meinem Märchen kein lieber Gott vorkommt, obwohl er für mich vermutlich selbstverständlicher und realer war als für den Enkel, der erst »in der Schule« auf ihn neugierig geworden war.

Schade, daß das Leben so kurz und so sehr mit aktuellen, scheinbar wichtigen und unumgänglichen Pflichten und Aufgaben überstopft ist; manchmal wagt man des Morgens ja kaum das Bett zu verlassen, weil man weiß, daß der große Schreibtisch noch übervoll von Unerledigtem liegt und tagsüber die Post den Haufen noch zweimal erhöhen wird. Sonst wäre mit den beiden Kindermanuskripten noch manches amüsante und nachdenkliche Spiel zu treiben. Mir schiene zum Beispiel nichts spannender als eine vergleichende Untersuchung von Stil und Syntax in den beiden Versuchen. Aber für so hübsche Spiele ist nun einmal unser Leben nicht lang genug. Auch wäre es am Ende nicht angezeigt, den um dreiundsechzig Jahre jüngeren von den beiden Autoren durch Analyse und Kritik, durch Anerkennung oder Tadel vielleicht in seiner Entwicklung zu beeinflussen. Denn aus ihm kann unter Umständen ja noch etwas werden, nicht aber aus dem Alten.

Hermann Hesse

[Ein Glockenschlag]

Was zog ich alles in dieser heiligen Christnacht hervor aus dem Versteck, über welchem du deine Bücherhaufen aufgeschichtet hattest! Armer Oheim! Verstaubt, zerfallend Kinderspielzeug der verschiedensten Art – Puppen, kleine hölzerne Töpfchen und Schälchen, ein zerbrochenes Stühlchen und zuletzt einen dürren Weihnachtsbaum, an dessen Zweigen hier und da noch etwas Goldschaum haftete, auf dessen Spitze noch ein zerknitterter Stern von Silberpapier befestigt war. Mit übereinander geschlagenen Armen stand ich inmitten dieser totalen Freuden; der Rabe krächzte, die Lampe hatte allmählich ihr Öl verzehrt und war dem Verlöschen nahe ... ein Glockenschlag erweckte mich aus meinem stundenlangen Brüten – die Weihnachtsglocken von Finkenrode! Die Weihnachtsglocken meiner Kindheitszeit!

Ich fuhr mit der Hand über die Stirn und lauschte; unwiderstehlich zog es mich hinaus in die heilige Nacht.

Ich hatte den Mantel übergeworfen; ich fand mich in der Straße, ohne zu wissen wie.

Alles still und dunkel! Kein Stern am Himmel – kein Lichtlein auf Erden! Glockenklang, Glockenklang der Heimat!

Ich schritt langsam durch die schweigenden, schneebedeckten Straßen, das Erwachen der Stadt erwartend. –

Dort flammt ein Licht auf, dort wieder eins. Sie bewegen sich in den Häuschen hin und her durch die Gemächer. Sieh da! Sieh da, ein Weihnachtsbaum im vollen Glanz! Haustüren öffnen sich hier und da, eine Gestalt, in einen Mantel gehüllt, streicht an mir vorüber. In immer hellerm Glanz leuchtet das Städtlein Finkenrode.

Ich folge dem Glockenklang durch die Gassen auf den Marktplatz – vor mir strahlt die Kirche des heiligen Martin mit ihren hohen, spitzen, erleuchteten Fenstern; die beiden Türme verlieren sich vollständig in dem Nebel und der Dunkelheit. Ich lehne mich an einen Pfeiler des weitgeöffneten Portals und lausche. Hallen einmal einen Augenblick die Glocken über mir aus, so klingt leise, leise das Geläut eines fernen Walddorfes herüber. Noch ist die Kirche menschenleer, die Wände des heiligen Gebäudes entlang schimmern die Totenkränze im Glanz der Kronleuchter. Tannengezweig windet sich an den Pfeilern empor. –

Jetzt ist das christliche Volk erwacht und regt sich. Männer und Weiber schreiten durch die Gassen und über den Markt, auf die Kirchentüren zu, die Gesangbücher an die Brust gedrückt. Die Kinder führen ihre bunten Weihnachtspuppen mit sich, junge

Mädchen entfalten strahlend den neuesten Putz. Zwischen den modernen Hüten und Hauben der Weiber schimmern hier und da die landesüblichen seltsamen Kugelmützen von Gold- und Silberstoff, die Kopfbedeckungen der älteren Bürgersfrauen, hervor. Immer dichter werden die Scharen, die an mir vorüberziehen. Jeder Kirchgänger führt ein Wachslicht mit sich, welches an einer am Eingang der Kirche hängenden kleinen Lampe angezündet wird. Schon flammen Hunderte von Kerzen, schon braust die Orgel, der Gesang der Menge fällt ein – weit über die kleine Stadt hin, bis tief hinein in die stillen Berge, wo der Hirsch und der Fuchs verwundert aufhorchen, erklingt die Feier des Christmorgens.

Wilhelm Raabe

Eine Dämmerstunde

Es war das Arbeitszimmer eines Beamten. Der Eigentümer, ein Mann in den Vierzigern, mit scharf ausgeprägten Gesichtszügen, aber milden, lichtblauen Augen unter dem schlichten, hellblonden Haar, saß an einem mit Büchern und Papieren bedeckten Schreibtisch, damit beschäftigt, einzelne Schriftstücke zu unterzeichnen, welche der daneben stehende alte Amtsbote ihm überreichte. Die Nachmittagssonne des Dezembers beleuchtete eben mit ihrem letzten Strahl das große schwarze Tintenfaß, in das er dann und wann die Feder tauchte. Endlich war alles unterschrieben.

»Haben Herr Amtsrichter sonst noch etwas?« fragte der Bote, indem er die Papiere zusammenlegte.

»Nein, ich danke Ihnen.«

»So habe ich die Ehre, vergnügte Weihnachten zu wünschen.«

»Auch Ihnen, lieber Erdmann.«

Der Bote sprach einen der mitteldeutschen Dialekte; in dem Tone des Amtsrichters war etwas von der Härte jenes nördlichsten deutschen Volksstammes, der vor wenigen Jahren, und diesmal vergeblich, in einem seiner alten Kämpfe mit dem fremden Nachbarvolk geblutet hatte. – Als sein Untergebener sich entfernte, nahm er unter den Papieren einen angefangenen Brief hervor und schrieb langsam daran weiter.

Die Schatten im Zimmer fielen immer tiefer. Er sah nicht die schlanke Frauengestalt, die hinter ihm mit leisen Schritten durch die Tür getreten war; er bemerkte es erst, als sie den Arm um seine Schulter legte. – Auch ihr Antlitz war nicht mehr jung: aber in ihren Augen war noch jener Ausdruck von Mädchenhaftigkeit, den man bei Frauen, die sich geliebt wissen, auch noch nach der ersten Jugend findet. »Schreibst du an meinen Bruder?« fragte sie, und in ihrer Stimme, nur etwas mehr gemildert, war dieselbe Klangfarbe wie in der ihres Mannes.

Er nickte. »Lies nur selbst!« sagte er, indem er die Feder fortlegte und zu ihr emporsah.

Sie beugte sich über ihn herab; denn es war schon dämmerig geworden. So las sie, langsam wie er geschrieben hatte:

»Ich bin wieder gesund und arbeitsfähig, – glücklicherweise; denn das ist die Not der Fremde, daß man den Boden, worauf man steht, sich in jeder Stunde neu erschaffen muß. So schlecht es immer sein mag, darin habt Ihr es doch gut daheim; und wer wäre nicht gerne geblieben, wenn er nur ein Stück Brot und jenes unentbehrliche ›sanfte Ruhekissen‹ des alten Sprichworts sich hätte erhalten können.«

Sie legte schweigend die Hand auf seine Stirn, während er, der ihren Augen gefolgt war, das Blatt umwandte. Dann las sie weiter:

»Der guten und klugen Frau, die Du vorige Weihnachten bei uns hast kennen lernen, bin ich so glücklich gewesen, durch die Vermittlung eines Vergleichs mit ihrem Gutsnachbarn einen wirklichen Dienst zu leisten; der schöne, so sehr von ihr begehrte Wald ist seit kurzem endlich in ihren Besitz gelangt. Hätten wir morgen für Deinen Freund Harro nur eine Tanne aus diesem Walde; denn hier ist viele Meilen in die Runde kein Nadelholz zu finden. Was aber ist ein Weihnachtsabend ohne jenen Baum mit seinem Duft voll Wunder und Geheimnis!«

»Aber du«, sagte der Amtsrichter, als seine Frau gelesen hatte, »du bringst in deinen Kleidern den Duft des echten Weihnachtsabends!«

Sie langte lächelnd in den Schlitz ihres Kleides und legte ein großes Stück braunen Weihnachtskuchen vor ihm auf den Tisch. »Sie sind eben vom Bäcker gekommen«, sagte sie, »prob nur; deine Mutter backt sie dir nicht besser!«

Er brach einen Brocken ab und prüfte ihn genau; aber er fand alles, was ihn als Knaben daran entzückt hatte; die Masse war glashart, die eingerollten

Stückchen Zucker wohl zergangen und kandiert. »Was für gute Geister aus diesem Kuchen steigen«, sagte er, sich in seinen Arbeitsstuhl zurücklehnend; »ich sehe plötzlich, wie es daheim in dem alten steinernen Hause Weihnacht wird. – Die Messingtürklinken sind wo möglich noch blanker als sonst; die große gläserne Flurlampe leuchtet heute noch heller auf die Stuckschnörkel an den sauber geweißten Wänden; ein Kinderstrom um den andern, singend und bettelnd, drängt durch die Haustür; vom Keller herauf aus der geräumigen Küche zieht der Duft des Gebäckes in ihren Nasen, das dort in dem großen kupfernen Kessel über dem Feuer prasselt. – Ich sehe alles; ich sehe Vater und Mutter – Gott sei gedankt, sie leben beide! Aber die Zeit, in die ich hinabblicke, liegt in so tiefer Ferne der Vergangenheit! – Ich bin ein Knabe noch! – Die Zimmer zu beiden Seiten des Flurs sind erleuchtet; rechts ist die Weihnachtsstube. Während ich vor der Tür stehe, horchend, wie es drinnen in dem Knittergold und in den Tannenzweigen rauscht, kommt von der Hoftreppe herauf der Kutscher, eine Stange mit einem Wachslichtendchen in der Hand. – ›Schon anzünden, Thomas?‹ Er schüttelt schmunzelnd den Kopf und verschwindet in die Weihnachtsstube. – Aber wo bleibt denn Onkel Erich? – Da kommt es draußen die Treppe hinauf: die Haustür wird aufgerissen. Nein, es ist nur sein Lehrling, der die lange Pfeife des

›Herrn Ratsverwandters‹ bringt; ihm nach quillt ein neuer Strom von Kindern; zehn kleine Kehlen auf einmal stimmen an: ›Vom Himmel hoch, da komm ich her!‹ Und schon ist meine Großmutter mitten zwischen ihnen, die alte, geschäftige Frau, den Speisekammerschlüssel am kleinen Finger, einen Teller voll Gebäckes in der Hand. Wie blitzschnell das verschwindet! Auch ich erwische mein Teil davon, und eben kommt auch meine Schwester mit dem Kindermädchen, festlich gekleidet, die langen Zöpfe frisch geflochten. Ich aber halte mich nicht auf; ich springe drei Stufen auf einmal die Treppe nach dem Hofe hinab.«

Es war allmählich dunkel geworden; die Frau des Amtsrichters hatte leise einen Aktenstoß von einem Stuhl entfernt und sich an die Seite ihres Mannes gesetzt.

»Drüben in dem Seitengebäude ist das Arbeitszimmer meines Vaters. Auf die Vordiele dort fällt heute kein Lichtschein aus dem Türfenster der Schreiberstube; der alte Tausendkünstler ist von meiner Mutter drinnen bei den Weihnachtsgeheimnissen angestellt. Aber ich tappe mich im Dunkeln vorwärts; denn gegenüber in seinem Zimmer höre ich die Schritte meines Vaters. Er arbeitet schon nicht mehr. Ich öffne leis die Tür; wie deutlich sehe ich ihn vor mir, ihn selbst und das große, verräucherte Gemach, in dem der harte Schlag der alten

Wanduhr pickt! Mit einer feierlichen Unruhe geht er zwischen den mit Papieren bedeckten Tischen umher, in der einen Hand den Messingleuchter mit der brennenden Kerze, die andere vorgestreckt, als solle jetzt alles Störende ferngehalten werden. Er öffnet die Schublade seines kleinen Stehpults und nimmt die große goldene Tabatiere aus der Fischhautkapsel, einst ein Geschenk der Urgroßmutter an ihren Bräutigam, dann nach des Urgroßvaters Tode eine Ehren- und Vertrauensgabe an ihn. Aber er ist noch nicht fertig; aus dem Geldkörbchen werden blanke Silbermünzen für die Dienstboten hervorgesucht, eine Goldmünze für den Schreiber. ›Ist Onkel Erich schon da?‹ fragt er, ohne sich nach mir umzusehen. – ›Noch nicht, Vater! Darf ich ihn holen?‹ – ›Das könntest du ja tun.‹ Und fort renne ich durch das Wohnhaus auf die Straße, um die Ecke am Hafen entlang, und während ich drunten aus der Dämmerung das Pfeifen des Windes in den Tauen der Schiffe höre, habe ich das alte Giebelhaus mit dem Vorbau erreicht. Die Tür wird aufgerissen, daß die Klingel weithin durch Flur und Pesel schallt. – Vor dem Ladentisch steht der alte Kommis, der das Detailgeschäft leitet. Er sieht mich etwas grämlich an. ›Der Herr ist in seinem Kontor‹, sagt er trocken; er liebt die wilde naseweise Range nicht. Aber, was geht's mich an. – Fort mach ich hinten zur Hoftür hinaus, über zwei kleine finstere Höfe, dann in ein uraltes seltsames Nebengebäude, in welchem sich das Allerheiligste des Onkels befindet. Ohne Unfall komme ich durch den engen dunklen Gang und klopfe an eine Tür. – ›Herein!‹ Da sitzt der kleine Herr in dem feinen braunen Tuchrock an seinem mächtigen Arbeitspult; der Schein der Kontorlampe fällt auf seine freundlichen kleinen Augen und auf die mächtige Familiennase, die über den frischgestärkten Vatermördern hinausragt. – ›Onkel, ob du nicht kommen wolltest?‹ sage ich, nachdem ich Atem geschöpft habe. – ›Wollen wir uns noch einen Augenblick setzen!‹ erwidert er, indem seine Feder summierend über das Folium des aufgeschlagenen Hauptbuchs hinabgleitet. – Mir wird ganz behaglich zu Sinne, ich werde nicht ein bißchen ungeduldig; aber ich setze mich auch nicht; ich bleibe stehen und besehe mir die Englands- und Westindienfahrer des Onkels, deren Bilder an der Wand hängen. Es dauert auch nicht lange, so wird das Hauptbuch herzhaft zugeklappt, das Schlüsselbund rasselt und: ›Sieh so‹, sagt der Onkel, ›fertig wären wir!‹ Während er sein spanisches Rohr aus der Ecke langt, will ich schon wieder aus der Tür; aber er hält mich zurück. ›Ah, wart doch mal ein wenig! Wir hätten hier wohl noch so etwas mitzunehmen.‹ Und aus einer dunkeln Ecke des Zimmers holt er zwei wohlversiegelte, geheimnisvolle Päckchen. – Ich wußte es wohl, in solchen Päckchen steckte ein Stück leibhaftigen Weihnachtens; denn der Onkel hatte einen Bruder in Hamburg, und er trat nicht mit leeren Händen an den Tannenbaum. So nie gesehenes, märchenhaftes Zuckerzeug, wie er mitten in der Bescherung noch mir und meiner Schwester auf unsere Weihnachtsteller zu legen pflegte, ist mir später niemals wieder vorgekommen.

Bald darauf steige ich an der Hand des Onkels die breite Steintreppe zu unserm Hause hinauf. Ein paar Augenblicke verschwindet er mit seinen Päckchen in die Weihnachtsstube; es ist noch nicht angezündet, aber durch die halb geöffnete und rasch wieder geschlossene Tür glitzert es mir entgegen aus der noch drinnen herrschenden ahnungsvollen Dämmerung. Ich schließe die Augen, denn ich will nichts sehen, und trete in das gegenüber liegende, festlich erleuchtete Zimmer, das ganz von dem Duft der braunen Kuchen und des heute besonders fein gemischten Tees erfüllt ist. Die Hände auf dem Rücken mit langsamen Schritten geht mein Vater auf und nieder. ›Nun, seid ihr da?‹ fragt er stehen bleibend. – Und schon ist auch Onkel Erich bei uns; mir scheint, die Stube wird noch einmal so hell, da er eintritt. Er grüßt die Großmutter, den Vater; er nimmt meiner Schwester die Tasse ab, die sie ihm auf dem gelblakkierten Brettchen präsentiert. ›Was meinst du‹, sagt er, indem er seinen Augen einen bedenklichen Ausdruck zu geben sucht, ›es wird wohl heute nicht viel für uns abfallen!‹ Aber er lacht dabei so tröstlich, daß diese Worte wie eine goldene Verheißung klingen. Dann, während in dem blanken Messingkomfort der Teekessel saust, beginnt er eine seiner kleinen Erzählungen von den Begebenheiten der letzten Tage, seit man sich nicht gesehen. War es nun der Ankauf eines neuen Spazierstocks oder das unglückliche Zerbrechen einer Mundtasse, es floß alles so sanft dahin, daß man ganz davon erquickt wurde. Und wenn er gar eine Pause machte, um das bisher Erzählte im behaglichsten Gelächter nachzugenießen, wer hätte da nicht mitgelacht! Mein Vater nimmt vergeblich seine kritische Prise; er muß endlich doch mit einstimmen. Dies harmlose Geplauder – es ist mir das erst später klar geworden – war die Art, wie der tätige Geschäftsmann von der Tagesarbeit ausruhte. Es klingt mir noch lieb in der Erinnerung, und mir ist, als verstünde das jetzt niemand mehr. – Aber während der Onkel so erzählt, steckt plötzlich meine Mutter, die seit Mittag unsichtbar gewesen ist, den Kopf ins Zimmer. Der Onkel macht ein Kompliment und bricht seine Geschichte ab; die Tür und die gegenüber liegende Tür werden weit geöffnet. Wir treten zögernd ein; und vor uns, zurückgestrahlt von dem großen Wandspiegel, steht der brennende Baum mit seinen Flittergoldfähnchen, seinen weißen Netzen und goldenen Eiern, die wie Kinderträume in den dunkeln Zweigen hängen.« –

»Paul«, sagte die Frau, »und wenn wir ihn noch so weit herbeischaffen sollten, wir müssen wieder einen Tannenbaum haben. Der arme Junge hat sich selbst einen Weihnachtsgarten gebaut; er ist nur eben wieder fort, um Moos aus dem Eichenwäldchen zu holen.«

Der Amtsrichter schwieg einen Augenblick. – »Es tut nicht gut, in die Fremde zu gehen«, sagte er dann, »wenn man daheim schon am eigenen Herd gesessen hat. – Mir ist noch immer, als sei ich hier nur zu Gaste, und morgen oder übermorgen sei die Zeit herum, daß wir alle wieder nach Hause müßten!«

Sie faßte die Hand ihres Mannes und hielt sie fest in der ihrigen, aber sie antwortete nichts darauf.

»Gedenkst du noch an einen Weihnachten?« hub er wieder an. »Ich hatte die Studentenjahre hinter mir und lebte nun noch einmal, zum letzten Mal, eine kurze Zeit als Kind im elterlichen Hause. Freilich war es dort nicht mehr so heiter, wie es einst gewesen; es war Unvergeßliches geschehen, die alte Familiengruft unter der großen Linde war ein paar Mal offen gewesen; meine Mutter, die unermüdlich tätige Frau, ließ oft mitten in der Arbeit die Hände sinken und stand regungslos, als habe sie sich selbst vergessen. Wie unsere alte Margret sagte, sie trug ein Kämmerchen in ihrem Kopf, drin spielte ein totes Kind. – Nur Onkel Erich, freilich ein wenig grauer als sonst, erzählte noch seine kleinen freundlichen Geschichten, und auch die Schwester und die Großmutter lebten noch. Damals war jener Weihnachtsabend; ein junges schönes Mädchen war zu der Schwester auf Besuch gekommen. Weißt du, wie sie hieß?«

»Ellen«, sagte sie leise und lehnte den Kopf an die Brust ihres Mannes.

Der Mond war aufgegangen und beleuchtete ein paar Silberfäden in dem braunen seidigen Haar, das sie schlicht gescheitelt trug, schmucklos in einer Flechte um den Schildpattkamm gelegt.

Er strich mit der Hand über dies noch immer selten schöne Haar. »Ellen hatte auch beschert bekommen«, sprach er weiter, »auf dem kleinen Mahagonitische lagen Geschenke von meiner Mutter und was von ihren Eltern von drüben aus dem Schwesterland herübergeschickt war. Sie stand mit dem Rücken gegen den brennenden Baum, die Hand auf die Tischplatte gestützt; sie stand schon lange so; ich sehe sie noch« – und er ließ seine Augen eine Weile schweigend auf dem schönen Antlitz seiner Frau ruhen – »da war meine Mutter unbemerkt zu ihr getreten; sie faßte sanft ihre Hand und sah ihr fragend in die Augen. – Ellen blickte nicht um, sie neigte nur den Kopf; plötzlich aber richtete sie sich rasch auf und entfloh ins Nebenzimmer. Weißt du es noch? Während meine Mutter leise den Kopf schüttelte, ging ich ihr nach; denn seit einem kleinen Zank am letzten Abend waren wir vertraute Freunde. Ellen hatte sich in der Ofenecke auf einen Stuhl gesetzt; es war fast dunkel dort; nur eine vergessene Kerze mit langer Schnuppe brannte in dem Zimmer. ›Hast du Heimweh, Ellen?‹ fragte ich. – ›Ich weiß es nicht!‹ – Eine Weile stand ich schweigend vor ihr. ›Was hast du denn da in der Hand?‹ ›Willst du es haben?‹ – Es war eine Börse von dunkelroter Seide. ›Wenn du sie für mich gemacht hast‹, sagte ich; denn ich hatte die Arbeit in den Tagen zuvor in ihren Händen gesehen und wohl bemerkt, wie Ellen sie, sobald ich näher kam, in ihrem Nähkästchen verschwinden ließ. – Aber Ellen antwortete nicht und gab mir auch nicht ihr Angebinde. Sie stand auf und putzte das Licht, daß es plötzlich ganz hell im Zimmer wurde. ›Komm‹, sagte sie, ›der Baum brennt ab, und Onkel Erich will noch Zuckerzeug bescheren!‹ Damit wehte sie sich mit ihrem Schnupftuch ein paarmal um die Augen und ging in die Weihnachtsstube zurück, und als wir dann später am Pochbrett saßen, war sie die Ausgelassenste von allen. Von meinem Weihnachtsgeschenk war weiter nicht die Rede. – Aber weißt du, Frau?« – und er ließ ihre Hand los, die er bis dahin festgehalten – »die Mädchen sollten nicht so eigensinnig sein; das hat mir damals keine Ruh gelassen; ich mußte doch die Börse haben, und darüber –«

»Darüber, Paul? – Sprich nur dreist heraus!«

»Nun, hast du denn von der Geschichte nichts gehört? darüber bekam ich nun auch noch das Mädchen in den Kauf.«

»Freilich«, sagte sie, und er sah bei dem hellen Mondschein in ihren Augen etwas blitzen, das ihn an das übermütige Mädchen erinnerte, das sie einst gewesen, »freilich weiß ich von der Geschichte, und ich kann sie dir auch erzählen; aber es war ein Jahr später, nicht am Weihnachts-, sondern am Neujahrsabend, und auch nicht hüben, sondern drüben.«

Sie räumte das Dintenfaß und einige Papiere beiseite und setzte sich ihrem Manne gegenüber auf den Schreibtisch. »Der Vetter war bei Ellens Eltern zu Besuch, bei dem alten prächtigen Kirchspielvogt, der damals noch ein starker Nimrod war.

Ellen hatte noch niemals einen so schönen und langen Brief bekommen als den, worin der Vetter sich bei ihnen angemeldet; aber so gut wie mit der Feder wußte er mit der Flinte nicht umzugehen. Und dennoch, tat es die Landluft oder der schöne Gewehrschrank im Zimmer des Kirchspielvogts, es war nicht anders, er mußte alle Tage auf die Jagd. Und wenn er dann abends durchnäßt mit leerer Tasche nach Hause kam und die Flinte schweigend in die Ecke setzte – wie behaglich ergingen sich da die Stichelreden des alten Herrn! – ›Das heißt Malheur, Vetter; aber die Hasen sind heuer alle wild geraten!‹ – Oder: ›Mein Herzensjunge, was soll die Diana einmal von dir denken!‹ Am meisten aber – du hörst doch, Paul?«

»Ich höre, Frau.«

»Am meisten plagte ihn die Ellen; sie setzte ihm heimlich einen Strohkranz auf, sie band ihm einen Gänseflügel vor den Flintenlauf; eines Vormittags – weißt du, es war Schnee gefallen – hatte sie einen Hasen, den der Knecht geschossen, aus der Speisekammer geholt, und eine Weile darauf saß er noch einmal auf seinem alten Futterplatz im Garten, als wenn er lebte, ein Kohlblatt zwischen den Vorderläufen. Dann hatte sie den Vetter gesucht und an die Hoftür gezogen. ›Siehst du ihn, Paul? dahinten im Kohl; die Löffel gucken aus dem Schnee!‹ – Er sah ihn auch; seine Hand zitterte. ›Still, Ellen! Sprich nicht so laut! Ich will die Flinte holen!‹ Aber als kaum die Tür nach des Vaters Stube hinter ihm zuklappte, war Ellen schon wieder in den Schnee hinausgelaufen, und als er endlich mit der geladenen Flinte heranschlich, hing auch der Hase schon wieder an seinem sicheren Haken in der Speisekammer. – Aber der Vetter ließ sich geduldig von ihr plagen.«

»Freilich«, sagte der Amtsrichter und legte seine Arme behaglich auf die Lehne seines Sessels, »er hatte ja die Börse noch immer nicht!«

»Drum auch! Die lag noch unangerührt droben in der Kommode, in Ellens Giebelstübchen. Aber – wo die Ellen war, da war der Vetter auch; heißt das, wenn er nicht auf der Jagd war. Saß sie drinnen an ihrem Nähtisch, so hatte er gewiß irgend ein Buch aus der Polterkammer geholt und las ihr daraus vor; war sie in der Küche und backte Waffeln, so stand er neben ihr, die Uhr in der Hand, damit das Eisen zur rechten Zeit gewendet würde.

So kam die Neujahrsnacht. Am Nachmittag hatten beide auf dem Hofe mit des Vaters Pistolen nach goldenen Eiern geschossen, die Ellen vom Weihnachtsbaum ihrer Geschwister abgeschnitten; und der Vetter hatte unter dem Händeklatschen der Kleinen zweimal das goldene Ei getroffen. Aber war's nun, weil er am andern Tage reisen mußte, oder war's, weil Ellen fortlief, als er sie vorhin allein in ihrem Zimmer aufgesucht hatte – es war gar nicht mehr der geduldige Vetter – er tat kurz und unwirsch und sah kaum noch nach ihr hin. – Das blieb den ganzen Abend so; auch als man später sich zu Tische setzte. Ellens Mutter warf wohl einmal einen fragenden Blick auf die beiden, aber sie sagte nichts darüber. Der Kirchspielvogt hatte auf andere Dinge zu achten, er schenkte den Punsch, den er eigenhändig gebraut hatte; und als es drunten im Dorfe zwölf schlug, stimmte er das alte Neujahrslied von Johann Heinrich Voß an, das nun getreulich durch alle Verse abgesungen wurde. Dann rief man ›Prost Neujahr!‹ und schüttelte sich die Hände, und auch Ellen reichte dem Vetter ihre Hand; aber er berührte kaum ihre Fingerspitzen. – So war's auch, da man sich bald darauf gute Nacht sagte. – Als das Mädchen droben allein in ihrem Giebelstübchen war – und nun merk auf, Paul, wie ehrlich ich erzähle! – da hatte sie keine Ruh zum Schlafen; sie setzte sich still auf die Kante ihres Bettes, ohne sich auszukleiden und ohne der klingenden Kälte in der ungeheizten Kammer zu achten. Denn es kränkte sie doch; sie hatte dem Menschen ja nichts zu Leid getan. Freilich, er hatte sie gestern noch gefragt, ob sie den Hasen nicht wieder im Kohl gesehen; und sie hatte dazu den Kopf geschüttelt. – War es etwa das, und wußte er denn, daß er den Hasen schon vor drei Tagen selbst hatte mit verzehren helfen? – Sie wollte den schönen Brief des Vetters einmal wieder lesen. Aber als sie in die Tasche langte, vermißte sie den Kommodenschlüssel. Sie ging mit dem Licht hinab in die Wohnstube, und von dort, als sie ihn nicht gefunden, in die Küche, wo sie vorhin gewirtschaftet hatte. Von all dem Sieden und Backen des Abends war es noch warm in dem großen dunkeln Raume. Und richtig, dort lag der Schlüssel auf dem Fensterbrett. Aber sie stand noch einen Augenblick und blickte durch die Scheiben in die Nacht hinaus. – So hell und weit dehnte sich das Schneefeld; dort unten zerstreut lagen die schwarzen Strohdächer des Dorfes; unweit des Hauses zwischen den kahlen Zweigen der Silberpappeln erkannte sie deutlich die großen Krähennester; die Sterne funkelten. Ihr fiel ein alter Reim ein, ein Zauberspruch, den sie vor Jahr und Tag von der Tochter des Schulmeisters gelernt hatte. Hinter ihr im Hause war es so still und leer; sie schauerte; aber trotz dessen wuchs in ihr das Gelüsten, es mit den unheimlichen Dingen zu versuchen. So trat sie zögernd ein paar Schritte zurück. Leise zog sie den einen Schuh vom Fuße, und die Augen nach den Sternen und tief aufatmend sprach sie: ›Gott grüß dich, Abendstern!‹ – Aber was war das? Ging hinten nicht die Hoftür? Sie trat ans Fenster und horchte. – Nein, es knarrte wohl nur die große Pappel an der Giebelseite des Hauses. – Und noch einmal hub sie leise an und sprach:

›Gott grüß dich, Abendstern!
Du scheinst so hell von fern,
Über Osten, über Westen.
Über alle Krähennesten.
Ist einer zu mein Liebchen geboren,
Ist einer zu mein Liebchen erkoren,
Der komm, als er geht,
Als er steht,
In sein täglich Kleid!‹

Dann schwenkte sie den Schuh und warf ihn hinter sich. Aber sie wartete vergebens; sie hörte ihn nicht fallen. Ihr wurde seltsam zumute, das kam von ihrem Vorwitz! Welch unheimlich Ding hatte ihren Schuh gefangen, eh er den Boden erreicht hatte? – Einen Augenblick noch stand sie so; dann mit dem letzten Restchen ihres Mutes wandte sie langsam den Kopf zurück. – Da stand ein Mann in der dunkeln Tür, und es war Paul; er war richtig noch einmal auf den unglücklichen Hasen ausgewesen!«

»Nein, Ellen«, sagte der Amtsrichter, »du weißt es wohl; das war er denn doch diesmal nicht; er hatte nur, wie du, auch keine Ruh gefunden; – aber nun hielt er den kleinen Schuh des Mädchens in der Hand; und Ellen hatte sich am Herd auf einen Stuhl gesetzt, mit geschlossenen Augen, die Hände gefaltet vor sich in den Schoß gestreckt. Es war kein Zweifel mehr, daß sie sich ganz verloren gab; denn sie wußte wohl, daß der Vetter alles gehört und gesehen hatte. – Und weißt du auch noch die Worte, die er zu ihr sprach?«

»Ja, Paul, ich weiß sie noch; und es war sehr grausam und wenig edel von ihm. ›Ellen‹, sagte er, ›ist noch immer die Börse nicht für mich gemacht?‹ – Doch Ellen tat ihm auch diesmal den Gefallen nicht; sie stand auf und öffnete das Fenster, daß von draußen die Nachtluft und das ganze Sterngefunkel zu ihnen in die Küche drang.«

»Aber«, unterbrach er sie, »Paul war zu ihr getreten, und sie legte still den Kopf an seine Brust; und noch höre ich den süßen Ton ihrer Stimme, als sie so, in die Nacht hinaus nickend, sagte: Gott grüß dich, Abendstern!«

Die Tür wurde rasch geöffnet; ein kräftiger, etwa zehnjähriger Knabe trat mit einem brennenden Licht ins Zimmer. »Vater! Mutter!« rief er, indem er die Augen mit der Hand beschattete. »Hier ist Moos und Efeu und auch noch ein Wacholderzweig!«

Der Amtsrichter war aufgestanden. »Bist du da, mein Junge?« sagte er und nahm ihm die Botanisiertrommel mit den heimgebrachten Schätzen ab.

Frau Ellen aber ließ sich schweigend von dem Schreibtisch herabgleiten und schüttelte sich ein wenig wie aus Träumen. Sie legte beide Hände auf ihres Mannes Schultern und blickte ihn eine Weile voll und herzlich an. Dann nahm sie die Hand des Knaben. »Komm, Harro«, sagte sie, »wir wollen Weihnachtsgärten bauen!«

Unter dem Tannenbaum

Der Weihnachtsabend begann zu dämmern. – Der Amtsrichter war mit seinem Sohne auf der Rückkehr von einem Spaziergange; Frau Ellen hatte sie auf ein Stündchen fortgeschickt. Vor ihnen im Grunde lag die kleine Stadt; sie sahen deutlich, wie aus allen Schornsteinen der Rauch emporstieg; denn dahinter am Horizont stand feuerfarben das Abendrot. – Sie sprachen von den Großeltern drüben in der alten Heimat; dann von den letzten Weihnachten, die sie dort erlebt hatten.

»Und am Vorabend«, sagte der Vater, »als Knecht Ruprecht zu uns kam, mit dem großen Bart und dem Quersack und der Rute in der Hand!«

»Ich wußte wohl, daß es Onkel Johannes war«, erwiderte der Knabe, »der hatte immer so etwas vor!«

»Weißt du denn auch noch die Worte, die er sprach?« – Harro sah den Vater an und schüttelte den Kopf.

»Wart nur«, sagte der Amtsrichter, »die Verse liegen zu Haus in meinem Pult; vielleicht bekomm ich's noch beisammen!« Und nach einer Weile fuhr er fort: »Entsinne dich nur, wie erst die drei Rutenhiebe von draußen auf die Tür fielen, und wie dann die rauhe borstige Gestalt mit der großen Hakennase in die Stube trat!« Dann hub er langsam und mit tiefer Stimme an:

»Von drauß' vom Walde komm ich her,
Ich muß euch sagen, es weihnachtet sehr
Allüberall auf den Tannenspitzen
Sah ich goldene Lichtlein sitzen.
Und droben aus dem Himmelstor
Sah mit großen Augen das Christkind hervor.

Und wie ich so strolcht' durch den dichten Tann,
Da rief's mich mit heller Stimme an;
›Knecht Ruprecht‹, rief es, ›alter Gesell,
Hebe die Beine und spute dich schnell!
Die Kerzen fangen zu brennen an,
Das Himmelstor ist aufgetan,
Alt' und Junge sollen nun
Von der Jagd des Lebens einmal ruhn;
Und morgen flieg ich hinab zur Erden,
Denn es soll wieder Weihnachten werden!‹
Ich sprach: ›O lieber Herre Christ,
Meine Reise fast zu Ende ist;
Ich soll nur noch in diese Stadt,
Wo's eitel brave Kinder hat.‹
›Hast denn das Säcklein auch bei dir?‹
Ich sprach: ›Das Säcklein, das ist hier;
Denn Apfel, Nuß und Mandelkern
Fressen fromme Kinder gern!‹
›Hast denn die Rute auch bei dir?‹
Ich sprach: ›Die Rute, die ist hier!‹
Doch für die Kinder nur, die schlechten,
Die trifft sie auf den Teil, den rechten!‹
Christkindlein sprach: ›So ist es recht,
So geh mit Gott, mein treuer Knecht!‹
Von drauß' vom Walde komm ich her;
Ich muß euch sagen, es weihnachtet sehr!
Nun sprecht, wie ich's hierinnen find?
Sind's gute Kind, sind's böse Kind?

Aber«, fuhr der Amtsrichter mit veränderter Stimme fort, »ich sagte dem Knecht Ruprecht:

Der Junge ist von Herzen gut,
Hat nur mitunter was trotzigen Mut!«

»Ich weiß, ich weiß!« rief Harro triumphierend; und den Finger emporhebend, und mit listigem Ausdruck setzte er hinzu: »Dann kam so etwas –«

»Was dich in großes Geschrei brachte; denn Knecht Ruprecht schwang seine Rute und sprach:

Heißt es bei euch denn nicht mitunter:
Nieder den Kopf und die Hosen herunter?«

»O«, sagte Harro, »ich fürchtete mich nicht; ich war nur zornig auf den Onkel!«

Über der Stadt, die sie jetzt fast erreicht hatten, stand nur noch ein fahler Schein am Himmel. Es dunkelte schon; aber es begann zu schneien; leise und emsig fielen die Flocken, und der Weg schimmerte schon weiß zu ihren Füßen.

Vater und Sohn waren eine Weile schweigend neben einander hergegangen.

»Am Abend darauf«, hub der Amtsrichter wieder an, »brannte der letzte Weihnachtsbaum, den du gehabt hast. Es war damals eine bewegte Zeit; sogar das Zuckerwerk zwischen den Tannenzweigen war kriegerisch geworden: unsere ganze Armee, Soldaten zu Pferde und zu Fuß! – Von alledem ist nun nichts mehr übrig!« setzte er leiser und wie mit sich selber redend hinzu.

Der Knabe schien etwas darauf erwidern zu wollen, aber ein anderes hatte plötzlich seine Gedanken in Anspruch genommen. – Es war ein großer bärtiger Mann, der vor ihnen aus einem Seitenwege auf die Landstraße herauskam. Auf der Schulter balancierte er ein langes stangenartiges Gepäck, während er mit einem Tannenzweig, den er in der Hand hielt, bei jedem Schritt die Luft peitschte. Wie er vorüberging, hatte Harro in der Dämmerung noch die große rote Hakennase erkannt, die unter der Pelzmütze hinausragte. Auch einen Quersack trug der Mann, der anscheinend mit allerhand eckigen Dingen angefüllt war. Er ging rasch vor ihnen auf.

»Knecht Ruprecht!« flüsterte der Knabe, »hebe die Beine und spute dich schnell!«

Das Gewimmel der Schneeflocken wurde dichter, sie sahen ihn noch in die Stadt hinabgehen; dann entschwand er ihren Augen; denn ihre Wohnung lag eine Strecke weiter außerhalb des Tores.

»Freilich«, sagte der Amtsrichter, indem sie rüstig zuschritten, »der Alte kommt zu spät; dort unten in der Gasse leuchteten schon alle Fenster in den Schnee hinaus.«

Endlich war das Haus erreicht. Nachdem sie auf dem Flur die beschneiten Überkleider abgetan, traten sie in das Arbeitszimmer des Amtsrichters. Hier war heute der Tee serviert; die große Kugellampe brannte, alles war hell und aufgeräumt. Auf der sauberen Damastserviette stand das feinlackierte Teebrett mit den Geburtstagstassen und dem rubinroten Zuckerglase; daneben auf dem Fußboden in dem Komfort von Mahagonistäbchen mit blankem Messingeinsatz kochte der Kessel, wie es sein muß, auf gehörig durchgeglühten Torfkohlen; wie daheim einst in der großen Stube des alten Familienhauses, so dufteten auch hier in dem kleinen Stübchen die braunen Weihnachtskuchen nach dem Rezept der Urgroßmutter. – Aber während die Mutter nebenan im Wohnzimmer noch das Fest bereitete, blieben Vater und Sohn allein; kein Onkel Erich kam, ihnen feiern zu helfen. Es war doch anders als daheim.

Ein paarmal hatte Harro mit bescheidenem Finger an die Tür gepocht, und ein leises »Geduld!« der Mutter war die Antwort gewesen. Endlich trat Frau Ellen selbst herein. Lächelnd – aber ein leiser Zug von Weh war doch dabei – streckte sie ihre Hände aus und zog ihren Mann und ihren Knaben, jeden bei einer Hand, in die helle Weihnachtsstube.

Es sah freundlich genug aus. Auf dem Tische in der Mitte, zwischen zwei Reihen brennender Wachskerzen, stand das kleine Kunstwerk, das Mutter und Sohn in den Tagen vorher sich selbst geschaffen hatten, ein Garten im Geschmack des vorigen Jahrhunderts mit glattgeschorenen Hecken und dunkeln

Lauben; alles von Moos und verschiedenem Wintergrün zierlich zusammengestellt. Auf dem Teiche von Spiegelglas schwammen zwei weiße Schwäne; daneben vor dem chinesischen Pavillon standen kleine Herren und Damen von Papiermachee in Puder und Kontuschen. – Zu beiden Seiten lagen die Geschenke für den Knaben; eine scharfe Lupe für die Käfersammlung, ein paar bunte Münchener Bilderbogen, die nicht fehlen durften, von Schwind und Otto Speckter; ein Buch in rotem Halbfranzband; dazwischen ein kleiner Globus in schwarzer Kapsel, augenscheinlich schon ein altes Stück. »Es war Onkel Erichs letzte Weihnachtsgabe an mich«, sagte der Amtsrichter; »nimm du es nun von mir! Es ist mir in diesen Tagen aufs Herz gefallen, daß ich ihm die Freude, die er mir als Kind gemacht, in späterer Zeit nicht einmal wieder gedankt – nun haben sie mir den alten Herrn im letzten Herbst begraben!«

Frau Ellen legte den Arm um ihren Mann und führte ihn an den Spiegeltisch, auf dem heute die beiden silbernen Armleuchter brannten. Auch ihm hatte sie beschert; das erste aber, wonach seine Hand langte, war ein kleines Lichtbild. Seine Augen ruhten lange darauf, während Frau Ellen still zu ihm emporsah. Es war sein elterlicher Garten; dort unter dem Ahorn vor dem Lusthause standen die beiden Alten selbst, das noch dunkle volle Haar seines Vaters war deutlich zu erkennen.

Der Amtsrichter hatte sich umgewandt; es war, als suchten seine Augen etwas. Die Lichter an den Moosgärtchen brannten knisternd fort; in ihrem Schein stand der Knabe vor dem aufgeschlagenen Weihnachtsbuch. Aber droben unter der Decke des hohen Zimmers war es dunkel; der Tannenbaum fehlte, der das Licht des Festes auch dort hinaufgetragen hätte.

Da klingelte draußen im Flur die Glocke, und die Haustür wurde polternd aufgerissen. »Wer ist denn das?« sagte Frau Ellen; und Harro lief zur Tür und sah hinaus.

Draußen hörten sie eine rauhe Stimme fragen: »Bin ich denn hier recht beim Herrn Amtsrichter?« Und in demselben Augenblicke wandte auch der Knabe den Kopf zurück und rief: »Knecht Ruprecht; Knecht Ruprecht!« Dann zog er Vater und Mutter mit sich aus der Tür.

Es war der große bärtige Mann, der den beiden Spaziergängern vorhin oberhalb der Stadt begegnet war; bei dem Schein des Flurlämpchens sahen sie deutlich die rote Hakennase unter der beschneiten Pelzmütze leuchten. Sein langes Gepäck hatte er gegen die Wand gelehnt. »Ich habe das hier abzugeben!« sagte er, indem er auch den schweren Quersack von der Schulter nahm.

»Von wem denn?« fragte der Amtsrichter.

»Ist mir nichts von aufgetragen worden.«

»Wollt Ihr denn nicht nähertreten?«

»Der Alte schüttelte den Kopf. »Ist alles schon besorgt! Habt gute Weihnacht beieinander!« Und indem er noch einmal mit der großen Nase nickte, war er schon zur Tür hinaus.

»Das ist eine Bescherung!« sagte Frau Ellen fast ein wenig schüchtern.

Harro hatte die Haustür aufgerissen. Da sah er die große dunkle Gestalt schon weithin auf dem beschneiten Wege hinausschreiten.

Nun wurde die Magd herbeigerufen, deren Bescherung durch dieses Zwischenspiel bis jetzt verzögert war; und als mit ihrer Hülfe die verhüllten Dinge in das helle Weihnachtszimmer gebracht waren, kniete Frau Ellen auf dem Fußboden und begann mit ihrem Trennmesser die Nähte des großen Packens aufzulösen. Und bald fühlte sie, wie es von innen heraus sich dehnte und die immer schwächer werdenden Bande zu sprengen strebte; und als der Amtsrichter, der bisher schweigend dabeigestanden, jetzt die letzten Hüllen abgestreift hatte und es aufrecht vor sich hingestellt hielt, da war's ein ganzer mächtiger Tannenbaum, der nun nach allen Seiten seine entfesselten Zweige ausbreitete. Lange schmale Bänder von Knittergold rieselten und blitzten überall von den Spitzen durch das dunkle Grün herab; auch die Tannäpfel waren golden, die unter allen Zweigen hingen.

Harro war indes nicht müßig gewesen, er hatte den Quersack aufgebunden; mit leuchtenden Augen brachte er einen flachen, grünlackierten Kasten geschleppt. »Horch, es rappelt!« sagte er. »Es ist ein Schubfach darin!« Und als sie es aufgezogen, fanden sie wohl ein Schock der feinsten weißen Wachskerzchen.

»Das kommt von einem echten Weihnachtsmann«, sagte der Amtsrichter, indem er einen Zweig des Baumes herunterzog, »da sitzen schon überall die kleinen Blechlampetten!«

Aber es war nicht nur ein Schubfach in dem Kasten; es war auch obenauf ein Klötzchen mit einem Schraubengang. Der Amtsrichter wußte Bescheid in diesen Dingen; nach einigen Minuten war der Baum eingeschoben und stand fest und aufrecht, seine grüne Spitze fast bis zur Decke streckend. – Die alte Magd hatte ihre Schüssel mit Äpfeln und Pfeffernüssen stehen lassen; während die andern drei beschäftigt waren, die Wachskerzen aufzustecken, stand sie neben ihnen, ein lebendiger Kandelaber, in jeder Hand einen brennenden Armleuchter emporhaltend. – Sie war aus der Heimat mit herübergekommen und hatte sich von allen am schwersten in den Brauch der Fremde gefunden. Auch jetzt betrachtete sie den stolzen Baum mit mißtrauischen Augen. »Die goldenen Eier sind denn doch vergessen!« sagte sie.

Der Amtsrichter sah sie lächelnd an: »Aber, Margret, die goldenen Tannäpfel sind doch schöner!«

»So, meint der Herr? Zu Hause haben wir immer die goldenen Eier gehabt.«

Darüber war nicht zu streiten; es war auch keine Zeit dazu. Harro hatte sich indessen schon wieder über den Quersack hergemacht. »Noch nicht anzünden!« rief er, »das Schwerste ist noch darin!«

Es war ein fest vernageltes hölzernes Kistchen. Aber der Amtsrichter holte Hammer und Meißel aus seinem Gerätkästchen; nach ein paar Schlägen sprang der Deckel auf, und eine Fülle weißer Papierspäne quoll ihnen entgegen. – »Zuckerzeug!« rief Frau Ellen und streckte schützend ihre Hände darüber aus. »Ich wittere Marzipan! Setzt euch; ich werde auspacken!«

Und mit vorsichtiger Hand langte sie ein Stück nach dem andern heraus und legte es auf den Tisch, das nun von Vater und Sohn aus dem umhüllenden Seidenpapier herausgewickelt wurde.

»Himbeeren!« rief Harro. »Und Erdbeeren, ein ganzer Strauß!«

»Aber siehst du es wohl?« sagte der Amtsrichter. »Es sind Walderdbeeren; so welche wachsen in den Gärten nicht.«

Dann kam, wie lebend, allerlei Geziefer; Hornisse und Hummeln, und was sonst im Sonnenschein an stillen Waldplätzen umherzusummen pflegt, zierlich aus Dragant gebildet, mit goldbestäubten Flügeln; nun eine Honigwabe – die Zellen mochten mit Likör gefüllt sein –, wie sie die wilde Biene in den Stamm der hohlen Eiche baut; und jetzt ein großer Hirschkäfer, von Schokolade, mit gesperrten Zangen und ausgebreiteten Flügeldecken. »Cervus lucanus!« rief Harro und klatschte in die Hände.

An jedem Stück war, je nach der Größe, ein lichtgrünes Seidenbändchen. Sie konnten der Lockung nicht widerstehen; sie begannen schon jetzt den Baum damit zu schmücken, während Frau Ellens Hände noch immer neue Schätze ans Licht förderten.

Bald schwebte zwischen den Immen auch eine Schar von Schmetterlingen an den Tannenspitzen; da war der Himbeerfalter, die silberblaue Daphnis und der olivenfarbige Waldargus, und wie sie alle heißen mochten, die Harro hier vergebens aufzujagen gesucht hatte. – Und immer schwerer wurden die Päckchen, die eins nach dem andern von den eifrigen Händen geöffnet wurden. Denn jetzt kam das Geschlecht des größern Geflügels; da kam der Dompfaff und der Buntspecht, ein Paar Kreuzschnäbel, die im Tannenwald daheim sind; und jetzt – Frau Ellen stieß einen leichten Schrei aus – ein ganzes Nest voll kleiner schnäbelaufsperrender Vögel; und Vater und Sohn gerieten mit einander in Streit, ob es Goldhähnchen oder junge Zeisige seien, während Harro schon das kleine Heimwesen im dichtesten Tannengrün verbarg.

Noch ein Waldbewohner erschien; er mußte vom Buchenrevier herübergekommen sein; ein Eichhörnchen von Marzipan, in halber Lebensgröße, mit erhobenem Schweif und klugen Augen. »Und nun ist's alle!« rief Frau Ellen. Aber nein, ein schweres Päckchen noch! Sie öffnete es und verbarg es dann ebenso rasch wieder in beiden Händen. »Ein Prachtstück!« rief sie. »Aber nein, Paul; ich bin edelmütiger als du; ich zeig's dir nicht!«

Der Amtsrichter ließ sich das nicht anfechten; er brach ihr die nicht gar zu ernstlich geschlossenen Hände auseinander, während sie lachend über ihn wegschaute.

»Ein Hase!« jubelte Harro, »er hat ein Kohlblatt zwischen den Vorderpfötchen!«

Frau Ellen nickte: »Freilich, er kommt auch eben aus des alten Kirchspielvogts Garten!«

»Harro, mein Junge«, sagte der Amtsrichter, indem er drohend den Finger gegen seine Frau erhob; »versprich mir, diesen Hasen zu verspeisen, damit er gründlich aus der Welt komme!«

Das versprach Harro.

Der Baum war voll, die Zweige bogen sich; die alte Margret stöhnte, sie könne die Leuchter nicht mehr halten, sie habe gar keine Arme mehr am Leibe.

Aber es gab wieder neue Arbeit. »Anzünden!«

kommandierte der Amtsrichter; und die klein und großen Weihnachtskinder standen mit heißen Gesichtern, kletterten auf Schemel und Stühle und ließen nicht ab, bis alle Kerzen angezündet waren.

Der Baum brannte, das Zimmer war von Duft und Glanz erfüllt, es war nun wirklich Weihnachten geworden.

Ein wenig müde von der ungewohnten Anstrengung saß der Amtsrichter auf dem Sofa, nachsinnend in den gegenüber hängenden großen Wandspiegel blickend, der das Bild des brennenden Baumes zurückstrahlte.

Frau Ellen, die ganz heimlich ein wenig aufzuräumen begann, wollte eben die geleerte Kiste an die Seite setzen, als sie wie in Gedanken noch einmal mit der Hand durch die Papierspäne streifte. Sie stutzte. »Unerschöpflich!« sagte sie lächelnd. – Es war ein Star von Schokolade, den sie hervorgeholt hatte. »Und, Paul«, fuhr sie fort, »er spricht!«

Sie hatte sich zu ihm auf die Sofalehne gesetzt, und beide lasen nun gemeinschaftlich den beschriebenen Zettel, den der Vogel in seinem Schnabel trug: »Einen Wald- und Weihnachtsgruß von einer dankbaren Freundin!«

»Also von ihr!« sagte der Amtsrichter. »Ihr Herz hat ein gut Gedächtnis. Knecht Ruprecht mußte einen tüchtigen Weg zurücklegen; denn das Gut liegt fünf ganze Meilen von hier.«

Frau Ellen legte den Arm um ihres Mannes Nakken. »Nicht wahr, Paul, wir wollen auch nicht undankbar gegen die Fremde sein?«

»Oh, ich bin nicht undankbar – aber –«

»Was denn aber, Paul?«

»Was mögen drüben jetzt die Alten machen!«

Sie antwortete nicht darauf; sie gab ihm schweigend ihre Hand.

»Wo ist Harro?« fragte er nach einer Weile.

Harro war eben wieder ins Zimmer getreten; aus einer Schachtel, die er mit sich brachte, nahm er eine kleine verblichene Figur und befestigte sie sorgfältig an einem Zweig des Tannenbaums. Die Eltern hatten es wohl erkannt; es war ein Stück von dem Zuckerzeug des letzten heimatlichen Weihnachtsbaums; ein Dragoner auf schwarzem Pferde in langem graublauem Mantel. Der Knabe stand davor und betrachtete es unbeweglich; seine großen blauen Augen unter der breiten Stirn wurden immer finsterer. »Vater«, sagte er endlich, und seine Stimme zitterte, »es war doch schade um unser schönes Heer! – Wenn sie es nur nicht aufgelöst hätten – ich glaube, dann wären wir wohl noch zu Hause!«

Eine lautlose Stille folgte, als der Knabe das gesprochen. Dann rief der Vater seinen Sohn und zog ihn dicht an sich heran. »Du kennst noch das alte Haus deiner Großeltern«, sagte er, »du bist vielleicht das letzte Kind von den Unseren, das noch auf den großen über einander getürmten Bodenräumen gespielt hat; denn die Stunde ist nicht mehr fern, daß es in fremde Hand kommen wird. Einer deiner Urahnen hat es einst für seinen Sohn gebaut. Der junge Mann fand es fertig und ausgestattet vor, als er nach mehrjähriger Abwesenheit in den Handelsstädten Frankreichs nach seiner Heimat zurückkehrte. Bei seinem Tode hat er es seinen Nachkommen hinterlassen, und sie haben darin gewohnt als Kaufherren und Senatoren oder, nachdem sie sich dem Studium der Rechte zugewandt hatten, als Bürgermeister oder Syndizi ihrer Vaterstadt. Es waren angesehene und wohldenkende Männer, die im Lauf der Zeit ihre Kraft und ihr Vermögen auf mannigfache Weise ihren Mitbürgern zugute kommen ließen. So waren sie wurzelfest geworden in der Heimat. Noch in meiner Knabenzeit gab es unter den tüchtigeren Handwerkern fast keine Familie, wo nicht von den Voreltern oder Eltern eines in den Diensten der Unsrigen gestanden hätte; sei es auf den Schiffen oder in den Fabriken oder auch im Hause selbst. – Es waren das Verhältnisse des gegenseitigen Vertrauens; jeder rühmte sich des andern und suchte sich des andern wert zu zeigen; wie ein Erbe ließen es die Eltern ihren Kindern; sie kannten sich alle, über Geburt und Tod hinaus, denn sie kannten Art und Geschlecht der Jungen, die geboren wurden, und der Alten, die vor ihnen dagewesen waren.« – Der Amtsrichter schwieg einen Augenblick, während der Knabe unbeweglich zu ihm emporsah. »Aber nicht allein in die Höhe«, fuhr er fort, »auch in die Tiefe haben deine Voreltern gebaut; zu dem steinernen Hause in der Stadt gehörte die Gruft draußen auf dem Kirchhof; denn auch die Toten sollten noch beisammensein. – Und seltsam, da ich es inne ward, daß ich fort mußte: mein erster Gedanke war, ich könnte dort den Platz verfehlen. – Ich habe sie mehr als einmal offen gesehen; das letzte Mal, als deine Urgroßmutter starb, eine Frau in hohen Jahren, wie sie den Unsrigen vergönnt zu sein pflegen. – Ich vergesse den Tag nicht. Ich war hinabgestiegen und stand unten in der Dunkelheit zwischen den Särgen, die neben und über mir auf den eisernen Stangen ruhten; die ganze alte Zeit, eine ernste schweigsame Gesellschaft. Neben mir war der Totengräber, ein eisgrauer Mann. Aber einst war er jung gewesen und hatte als Kutscher, den schwarzen Pudel zwischen den Knien, die Rappen meines Großvaters gefahren. – Er stand an einen hohen Sarg gelehnt und ließ wie liebkosend seine Hand über das schwarze Tuch des Deckels gleiten. ›Dat is min ole Herr!‹ sagte er in seinem Plattdeutsch. ›Dat weer en gude Mann!‹ – Mein Kind, nur dort zu Hause konnte ich solche Worte hören. Ich neigte unwillkürlich das Haupt; denn mir war, als fühlte ich den Segen der Heimat sich leibhaftig auf mich niedersenken. Ich war der Erbe dieser Toten; sie selbst waren zwar dahingegangen; aber ihre Güte und Tüchtigkeit lebte noch, und war für mich da und half mir, wo ich selber irrte, wo meine Kräfte mich verließen. – Und auch jetzt noch, wenn ich – mir und den Meinen nicht zur Freude, aber getrieben von jenem geheimnisvollen Weh – auf kurze Zeit zurückkehrte, ich weiß es wohl: dem sich dann alle Hände dort entgegenstreckten, das war nicht ich allein.«

Er war aufgestanden und hatte einen Fensterflügel aufgestoßen. Weithin dehnte sich das Schneefeld; der Wind sauste; unter den Sternen vorüber jagten die Wolken; dorthin, wo in unsichtbarer Ferne ihre Heimat lag. – Er legte fest den Arm um seine Frau, die ihm schweigend gefolgt war; seine lichtblauen Augen lugten scharf in die Nacht hinaus. »Dort!« sprach er leise; »ich will den Namen nicht nennen; er wird nicht gern gehört in deutschen Landen; wir wollen ihn still in unserm Herzen sprechen, wie die Juden das Wort für den Allerheiligsten.« Und er ergriff die Hand seines Kindes und preßte sie so fest, daß der Junge die Zähne zusammenbiß.

Noch lange standen sie und blickten dem dunkeln Zuge der Wolken nach. – Hinter ihnen im Zimmer ging lautlos die alte Magd umher und hütete sorgsamen Auges die allmählich niederbrennenden Weihnachtskerzen.

Theodor Storm

Quellenverzeichnis

Hans Christian Andersen, Das kleine Mädchen mit den Schwefelhölzchen
aus: Märchen. Mit Illustrationen von Vilhelm Pedersen und Lorenz Frolich, Band 2, Frankfurt am Main 1976 (insel taschenbuch 133), S. 91-94. *Der Tannenbaum*, aus: Märchen, Band 1, Frankfurt am Main 1976 (insel taschenbuch 133), S. 312-322 © Sammlung Dieterich Verlagsgesellschaft mbH Leipzig 1953, 1992

Fjodor M. Dostojewski, Der Christbaum der armen Kinder
aus: Sämtliche Romane und Novellen, übersetzt von H. Röhl, Leipzig 1921

Goethe an Kestner, Brief vom 25. 12. 1772
aus: Goethes Briefe, Hamburger Ausgabe, Bd. 1, hg. von K. R. Mandelkow unter Mitarbeit von B. Morawe, Hamburg 1962

Hermann Hesse, Weihnacht mit zwei Kindergeschichten
aus: Gesammelte Werke, Band 8, Suhrkamp Verlag Frankfurt am Main 1977, S. 127-136, © Copyright 1977

Selma Lagerlöf, Die Heilige Nacht; Eine Weihnachtsgeschichte; Legende vom vierten König
aus: Geschichten zur Weihnachtszeit, München 1976 © by nympenburger in der F. A. Herbig Verlagsbuchhandlung GmbH, München

Nikolai Leskow, Die Tagediebe
aus: Gesammelte Werke, Bd. 3, Biederstein Verlag München 1964. © C. H. Beck Verlag (insel taschenbuch 1128)

Guy de Maupassant, Weihnachtsabend
aus: Gesamtausgabe der Novellen und Romane, Bd. 2, hg. von E. Sander, München 1964. Alle Rechte an der deutschen

Übersetzung von Ernst Sander beim Wilhelm Goldmann Verlag GmbH, München 1963

Wilhelm Raabe, [Ein Glockenschlag]

aus: Die Kinder von Finkenrode, in: Sämtliche Werke. Zweite Serie, Bd. 2, Berlin o. J.

Adalbert Stifter, Der Heilige Abend

aus: Werke, hg. von U. Japp und H. J. Piechotta, Bd. 2, Frankfurt 1978, S. 268-315 (dort innerhalb der »Bunten Steine« unter dem späteren Titel ›Bergkristall‹ gedruckt) (insel taschenbuch 438)

Theodor Storm, Unter dem Tannenbaum

aus: Sämtliche Werke, hg. von Albert Köster, Band 2, S. 231-255, Leipzig 1924 (insel taschenbuch 1042)

Felix Timmermans, Die Flucht nach Ägypten

aus: Das Licht in der Laterne, Leipzig 1940 (insel taschenbuch 1364: Der Heilige der kleinen Dinge. Erzählungen, Frankfurt 1991)

Anton Tschechow, Wanjka

aus Simon, Alexander: ›Russische Weihnacht‹, © 1965, 1986 by Arche Verlag AG, Zürich

Oscar Wilde, Das Sternenkind

aus: Sämtliche Werke in zehn Bänden, hg. von N. Kohl, Insel Verlag Frankfurt 1982, Bd. 2, S. 132-148 (insel taschenbuch 582)

Bildnachweis

Rembrandt Harmensz van Rijn, Die Heilige Familie mit Engeln (Umschlag): Eremitage, Leningrad

Dirk Bouts, Anbetung der Könige: Alte Pinakothek, München

Jan Breughel, Anbetung der Könige: National Gallery, London

Lucas Cranach d. Ä., Die Geburt Christi: Dresdner Gemäldegalerie Alte Meister, Dresden

Hugo van der Goes, Anbetung der Hirten: Gemäldegalerie Staatliche Museen Preußischer Kulturbesitz, Berlin

Stephan Lochner, Anbetung des Kindes: Alte Pinakothek, München

Rembrandt Harmensz van Rijn, Anbetung der Hirten: National Gallery, London

Diègo Velázquez, Anbetung der Könige: Prado, Madrid

Rogier van der Weyden, Anbetung Christi: Staatliche Museen Preußischer Kulturbesitz, Berlin